나만 아는 직장생활 꿀팁

아인북수

365일 독자와 함께 지식을 공유하고 희망을 열어가겠습니다.
지혜와 풍요로운 삶의 지수를 높이는 아인북스가 되겠습니다.

나만 아는 직장생활 꿀팁

초판 1쇄 인쇄 2015년 04월 03일
초판 1쇄 발행 2015년 05월 03일

지 은 이 아인북스편집부
펴 낸 곳 아인북스
펴 낸 이 정유진
등록번호 제 2014-000010호
주　　소 서울시 금천구 가산디지털로 98
　　　　　(가산동 롯데 IT캐슬)2동 B218호
전　　화 02-868-3018
팩　　스 02-868-3019
메　　일 bookakdma@naver.com

ISBN 978-89-91042-54-4 03320
값 12,000원

나만 아는 직장생활 꿀팁

아이북수

차례

나만 아는 직장생활 꿀 팁

 학창시절에는 학업성적이 그리 뛰어나지 않았던 친구가 직장생활을 시작하고는 인정을 받으며 다른 친구들보다 훨씬 더 성공하는 경우를 볼 수 있습니다. 영어나 중국어 등 외국어를 특출하게 잘 하는 것도 아니고, 아이디어가 넘쳐서 특별히 기획을 잘 하는 것도 아닌데 말이죠.

 회사는 일 잘하는 사람, 그래서 회사의 발전에 기여하는 사람을 원하며, 회사가 원하는 사람이 회사에서 성공하는 것은 당연한 일일 것입니다. 물론 회사는 학력이나 경력이 좋고 외국어도 두어 가지 정도 구사하는 등 다양한 역량을 지닌 사람을 선호합니다. 하지만 이는 사람을 뽑을 때의 기준이지 정작 회사에서 성공하느냐 아니냐의 기준은 아닙니다. 업무능력은 일을 수행하는 데 반드시 필요합니다. 하지만 회사 일이란 상사, 동료, 거래처 등 다른 사람들과 함께 하는 것이기에, 개인적인 능력보다는 함께 어울려 일하며 상대방을 설득하고 사람들을 이끌 수 있는 능력을 더 중요하게 생각합니다.

최근에는 신입사원을 채용하는 데 있어서도 변화의 조짐이 보이고 있습니다. 일부 회사들은 필기시험보다 면접에 더 큰 비중을 두는데, 면접과정에서 회사는 '이 사람이 동료들과 얼마나 잘 협력하며 팀워크를 잘 이루어낼 것인가' 하는 점에 중점을 두고 지원자를 평가합니다. 시험성적도 중요하지만 그보다는 조직에 자연스럽게 융화할 수 있는 사람인지가 채용의 핵심기준이라 할 수 있습니다.

이 책은 그런 역량에 초점을 맞춰서 회사에서 경쟁력을 키우고 성공적인 커리어를 쌓아갈 수 있는 방법, 즉 직장생활을 하는 사람들의 마음에 와 닿는 아주 솔직하면서도 현실적인 제안을 담고 있어서, 다소 추상적으로 이야기하는 업무역량 중심의 자기계발 서들과는 확연히 다릅니다.

동료들이 다가오기를 기다리지 마라

동료들이 자신에게 다가오기를 기다리면 안 된다.

새로운 동료들에게 좋은 첫인상을 심어주고 싶고, 사람들이 자신을 마음에 들어 하지 않으면 어쩔까 걱정하는 것은 자연스런 일이다. 사람들과 마주칠 땐 먼저 자신을 소개하자. 사람들은 회사에 새로 입사한 사람에 대해 궁금해 하기 마련이다. 그런 호기심을 충족시켜 주어야 한다. 사람들에게 자신에 대한 기본정보를 주자. 이름이 무엇이며 직책은 무엇인지, 어느 부서에서 일하는지, 어떤 일을 하는지.

시간이 있다면 질문을 하거나 다른 이야기를 꺼내 대화를 이어가자. 예를 들면 '안녕하세요? 저는 000이라고 합니다. 이번에 고객 상담부에 새로 입사했습니다. 지난 해 상담기록 분류표를 가지러 왔어요. 여기 입사하기 전에는 111사에서 일했는데, 222씨가 안부 전해달라더군요.' 가능하다면 새로운 동료들에게도 그들 자신에 대한 이야기와 그들의 일에 대해 이야기해 달라고 하자. 그리고 그들이 이야기할 때는 귀 기울여 듣자.

낯선 이들과 분위기 속에서 정신없겠지만, 사람들을 알려고 노력해야 한다. 새 동료들에게 적응하는 것은 새로운 일에 적응하는 것만큼 중요하다. 이렇게 처음 인사를 하는 기간은 회사 안에서 일이 어떻게 돌아가는지, 누가 누구인지에 대한 귀중한 정보들을 모을 수 있는 기간이다.

이 기간 동안 당신은 대단히 중요한 '첫인상'을 남기게 된다. 첫인상은 오랫동안 사람들의 뇌리에 남을 것이다. 그러니 가장 긍정적인 모습을 보여라. 만일 당신이 주춤하고 머뭇거리는 인상을 보인다면 당신이 거만한 사람이라는 소문이 돌 수 있다. 첫인상은 당신 스스로가 만드는 것임을 잊지 말자.

비공식 정보를 얻어라

사내의 비공식 정보를 적극적으로 수집하자.

회사 내에는 두 가지 유형의 사실이 존재한다. 하나는 공식적으로 알려져 있는 사실이고 다른 하나는 비공식적이지만 실제로 일어나고 있는 사실이다. 실제 사실을 공식적인 사실과 비교해보는 것은 무척 재미있다. 직위와 무관하게 실권을 쥐고 있는 사람이 누구인지, 누가 누구와 업무적으로 밀월관계를 유지하고 있는지.

퇴근 후 동료들과의 회식자리에 초대 받는다면 '실제 사실'을 빨리 알아낼 수 있다. 사무실에서 그랬던 것처럼 회식자리에서도 사람들의 질문에 적극적으로 대답하여 그들의 호기심을 충족시켜주자. 그런 다음에 느긋하게 사람들의 이야기를 들으며 배우자. '진실'을.

그리고 술은 절대 많이 마시지 마라. 사람들은 낯선 이들과 함께 있는 불편한 자리에서 오히려 과음하는 경향이 있다. 그러나 술에 취하면 자신의 연봉이나 결혼생활에서의 문제점 등 사적인 문제에 대해 주책없이 지껄일 수도 있고, 탁자 위에 올라가 춤을 추는 등의 추태를 보일 수도 있다. 그밖에도 또 어떤 바보 같은 행동을 하게 될지 모른다. 그러면 당신은 순식간에 사무실의 신입 어릿광대가 되고 말 것이다.

사내의 비공식적인 정보를 얻을 수 있는 또 다른 원천은 중역 비서와 보좌관이다. 유능한 비서나 보좌관들은 그런 정보를 발설하지 않겠지만, 당신이 그들과 좋은 관계를 맺는다면 당신에게 유용한 정보를 줄 것이다. 단 그들을 이용하려는 듯이 행동하면 알아챌 것이니 조심하자. 가령 사무실에 있을 때가 언제인지, 지금 당신과 대화 나눌 시간이 있는지, 아니면 지금은 저기압 상태이니 가까이 하지 않는 게 좋다든지 하는, 그다지 중요하지는 않지만 당신에겐 소중한 정보들 말이다.

마지막으로 명심할 것이 있다. 그런 정보들은 가감하여 들어야 한다. 즉, 액면 그대로 믿지 말고 시간을 두고 직접 관찰하라는 얘기다. 그리고 자신이 관찰한 내용을 종합하여 모든 정황과 증거를 기초로 결론을 내리자.

모든 동료들에게 친절하자

 모든 동료들을 친절하게 대해야 한다.

 아무리 친해지려해도 냉담하게 대하는 사람들이 있다. 우선 모든 사람이 당신을 좋아한다는 것은 통계적으로 불가능하다. 둘째로 어떤 회사에 새로 입사하면 처음에는 직장 내의 정치구도가 어떤지 정확히 알 수 없다. 어떤 사람이 당신을 따뜻하게 대하지 않는데, 알고 보니 그 사람이 당신이 맡게 된 일을 원했던 사람일 수도 있고, 당신이 맡은 일을 원했으나 얻지 못한 사람의 절친한 친구일 수도 있다. 물론 당신이 그런 내막을 처음부터 알 수는 없다. 하지만 시간이 지나면서 개인의 성격 뿐 아니라 사내의 정치구도에 대해서도 알게 될 것이다. 당신이 해야 할 일은 지금도, 그리고 앞으로도 계속해서 중립적인 태도를 견지하면서 모든 동료들에게 친절히 대하는 것이다.

부정적인 태도를 가진 사람은 피하라

부정적인 시각과 태도를 갖고 일하는 사람은 피해야 한다.

일부가 당신을 좋아하지 않는 것보다 더 나쁜 상황은 당신이 나쁜 파벌에 속하는 일이다. 누가누구와 주로 시간을 보내는지, 누가 사장실에서 많은 시간을 보내는지, 누구의 책상으로 사람들이 가장 많이 찾아오는지 살피자. 이런 정보는 사내의 좋은 파벌과 나쁜 파벌을 알 수 있게 해주고, 그 파벌의 주동자와 추종자들이 누구인지, 분쟁을 일으키는 사람은 누구인지 알 수 있게 해준다.

나쁜 파벌에 속하지 않을 수 있는 안전한 전략 중 하나는 새 직장에서 일하기 시작하면서 바로 특정한 한 사람과 지나치게 가까워지지 않는 것이다. 그런 상황을 피하면 당신편이 될 수도 있을 사람과 멀어지는 일은 피할 수 있다. 그리고 자신이 들어갔던 그룹이 자신과 맞지 않는다는 사실을 뒤늦게 깨닫고 그 그룹에서 빠져나오고자 골치 썩을 필요가 없다.

또 다른 전략은 새 직장에서 일하게 된 처음 몇 주간 여러 사람들과 번갈아가며 함께 점심을 먹는 것이다. 점심 먹으면서 자신에 대해서 실없이 떠들어대지 말고 상대방의 이야기를 경청하며 관찰하자. 상대에게 회사 이야기를 듣자. 그들의 이야기를 들어보면 그들의 태도를 알 수 있다. 회사 생활에 만족하는지, 불평으로 가득 차 있는지, 대우를 제대로 못 받고 있는지, 아니면 승승장구하고 있는지.

피해야 할 사람은 모든 일과 모든 사람에 대해 부정적인 시각과 태도를 가진 사람이다. 그런 사람들과 어울리는 것은 자신의 경력의 발을 묶는 것이나 마찬가지다. 낙관적이고 에너지가 넘치는 활동적인 사람들을 찾아야 한다. 결국 당신도 그런 부류니까.

일을 잘하는 방법을 터득하라

새로운 작업을 잘하는 방법을 터득하기란 쉬운 일이 아니다.

새로운 기업문화 속으로 들어가면서 마주칠 수 있는 사회적이고 정치적인 함정들을 피할 수 있다고 가정해보자. 그렇더라도 새로운 직장에 잘 적응하려면 당신은 새로운 업무를 잘할 수 있어야 한다. 한 번도 해본 적 없는 일이라도 말이다.

새로운 일을 시작하는 것은 혼돈상태를 제어하는 것과 비슷하다. 당신은 자신에게 필요한 기술과 능력을 대부분 가지고 있을 것이다. 그렇지 않다면 당신이 이 일을 하게 되었을 리가 없지 않은가? 하지만 당신은 지금 그 능력을 발휘해야 한다. 어쩌면 난생 처음으로. 그러니 그 압박감이 얼마나 크겠는가? 당신은 머지않아 전에 하던 익숙한 일을 계속할 걸 그랬다고 후회하게 될 지도 모른다.

새로운 일을 하는데 가장 신경 쓰이는 면 중 하나는 시간이 얼마나 걸릴지 알 수 없다는 점이다.

게다가 새로운 작업을 완수하는 데는 익숙한 일을 하는 것보다 시간이 더 걸리기 마련이다. 업무의 모든 단계에서 그 일을 효율적으로 해낼 수 있는 방법을 생각해가면서 일을 해야 하기 때문이다. 그렇기 때문에 어떤 일을 하는 것 자체보다 어떤 일을 하는 방법을 배우는 것이 훨씬 어렵다.

결론적으로 말하면, 당신은 어쩌면 아주 짧은 시간에 남들에게 무기력하게 뒤질 수 있다. 일이 숙달되기도 전에 근심, 완벽주의 성향, 정신적 육체적 피로가 당신을 압도하여 신경쇠약과 극도의 피로감에 시달리게 될 수도 있다. 하지만 페이스를 잘 조절하고 균형 잡힌 시각을 지닐 수 있게 노력한다면 새 직장에서의 첫 몇 주를 잘 보낼 수 있을 것이고, 결국 살아남을 수 있을 것이다.

시간을 잘 관리하자

시간 관리를 잘 하면 업무 능률뿐 아니라 일상생활의 능률도 올릴 수 있다.

새로운 일을 하면서 당황하고 우왕좌왕하지 않기 위해서는 조직과 시간 관리에 대한 중요한 원칙들을 몸에 익힐 필요가 있다. 우선 특정 작업을 하는 데 보통 어느 정도의 시간이 드는지 알아둔다면 시간을 좀 더 효율적으로 관리할 수 있다. 이 부분에 대해서는 업무를 가르쳐준 선배나 같은 일을 한 적이 있는 동료에게 반드시 물어보아야 한다. 그리고 새로운 일을 하는 처음 몇 번까지는 평균적으로 그 일에 소요되는 시간의 두 배 정도를 할당해야 한다.

물론 그 일을 한 번, 두 번 해나갈 때마다 시간을 의식하면서 이상적인 마감시간에 다가갈 수 있도록 노력해야 한다. 자신이 일을 어떻게 하고 있는지 스스로 평가할 때, 일하는 속도를 높여가는 것도 중요한 목표의 하나로 삼아야한다. 그렇다고 처음부터 너무 서두르지는 말자. 서서히 능률적으

나만 아는 직장생활 꿀 팁

로 시간을 관리해가면, 일을 배우는 과정에서 좌절하거나 당황할 가능성이 줄어든다.

아무래도 이것은 더 많은 시간을 일에 투자해야 한다는 의미일 수도 있다. 하지만 새로운 일을 처음 시작할 때는 그럴 수밖에 없다. 이를 피할 수 있을 거라는 생각은 잘못된 것이다. 자신이 익숙한 일을 하는 데 소요했던 시간 안에 새로운 일을 해내야 한다는 강박은 스스로에게 불필요한 압박이 된다. 처음 일을 시작할 때는 초과근무를 각오해야 한다. 하지만 그런 초과근무는 계속되지 않으리라는 것과, 계속해서도 안 된다는 것을 명심하자. 아울러 새로운 일을 시작할 때의 스트레스도 영원히 지속되지는 않을 것이다.

질문하자

처음 하는 일에 대해 질문하는 것은 중요하다. 질문 내용은 물론 방법도 중요함을 항상 잊지 말자.

전임자에게 일에 대해 질문할 상황이 못 된다면, 일이 어떻게 진행되는지에 대해 부분적으로라도 대답해줄 수 있는 사람 몇을 알아두자.

그리고 그들에게 질문하자.

일정은 어떻게 되어 있나요? 일이 잘못되면 누구에게 도움을 청해야 할까요? 어떤 일을 먼저 해야 하나요? 누가 이 일을 도와줄 수 있지요?

답변을 들으면서 필요한 사항은 메모하자. 그리고 기억하자. 아무리 자세히 설명하고 귀 기울여 듣더라도, 그 누구도 가르쳐줄 수 없는 세부사항들은 여전히 산재해 있으리라는 사실을.

일은 잘못될 수 있다

일은 언제고 잘못될 수 있다는 사실을 항상 기억하자.

당신은 새로 시작한 업무에서 으레 저지를 수 있는 실수가 무엇인지 아직 알지 못한다. 일을 시작하기 전에 그게 무엇인지 귀띔을 받았다면 당신은 지레 겁먹고 도망쳤을지도 모른다. 하지만 일이 잘못될 수도 있다는 것을 항상 염두에 두고 일한다면, 적어도 문제가 발생했을 때, 너무 놀라 손을 써보지도 못하는 황당한 일은 피할 수 있을 것이다.

도움을 청하자

도움을 청하는 데도 많은 용기가 필요하다. 그러나 용기 있는 자만이 일을 해결할 수 있다.

문제가 생겼을 때 혼자 그 문제 속에 빠져 있지 마라. 누구에게든 도움이 필요하다고 말하라. 새로운 일을 시작한 초기에 어떤 문제를 가지고 너무 오랫동안 씨름하는 것은 불필요한 일일뿐 아니라 위험하기까지 하다. 사람들에게 상황에 대해 터놓고 말하라. 그러면 당면문제를 즉석에서 해결할 수도 있다. 그리고 스스로를 비난하는 자기 파괴적이고 스트레스를 유발하는 폐해를 방지할 수도 있다.

의욕만 앞세우지 마라

의욕이 너무 앞서다 보면 일에 차질을 초래할 수도, 실수할 수도 있다. 역량은 50인데 70, 80짜리 일을 하려고 덤빈다면 당랑거철(螳螂拒轍)*과 같은 우스운 꼴이 될 수도 있다.

일을 배우는 동안에는 피할 수도 있는 책임을 애써 떠맡지 말자. 처음에는 무슨 일이든 다 할 수 있을 것처럼 의욕이 넘칠 수 있다. 그런 기분에 휩쓸리면 안 된다. 감당하지 못할 정도로 많은 일을 떠맡게 될 수도 있기 때문에. 일이 숙달되기 전까지 적어도 한 달, 아니 석 달 만이라도 자신이 당장 꼭 해야 할 일만 하자.

지금은 스스로에게 너무 많은 기대를 하지 말아야 한다. 가능한 한 완벽주의 기질은 버리자. 실수는 할 수 있는 거라고 생각하자. 업무 리스트를 작성해서 늘 점검하라. 그리고 필요할 때는 남들에게 도움을 청하라.

*〈장자〉에 중국 제나라의 장공이 사냥을 나가는데 사마귀가 앞발을 들고 수레바퀴를 멈추려했다는 데서 유래한 고사

일을 선택한 이유를 기억하자

당신이 이 일을 선택할 땐 분명 이유가 있었을 것이다.

혹시 지금 낙담하고 있다면 일에 대한 위대한 법칙 중 하나를 떠올리는 것이 도움이 될 것이다.

노력과 결과 사이에는 항상 시차가 있기 마련이다.

그러니 당황하지 말고 견뎌라. 당신이 들이는 노력은 꾸준히 축적될 것이다. 그리고 어느 날 갑자기 일이 쉬워지는 것을 확연히 느끼고 '이 일을 어떻게 처리하면 되는지 이제 알겠어!'라고 말하게 될 것이다. 그런 유쾌한 기분을 만끽하라. 당신은 그럴 자격이 있다.

당신이 지금 하고 있는 일을 선택하게 된 이유가 무엇이든, 적어도 하루에 한 번은 마음에 되새기자. 돈을 벌려고? 출세하려고? 더 좋은 직장을 얻으려고? 어떤 이유든 간에 그것은 힘든 시간을 견딜 수 있게 해줄 것이고, 계속해서 열심히 일할 수 있는 촉진제가 될 것이다.

나만 아는 직장생활 꿀 팁

시작을 잘 하자

첫 단추를 잘 꿰어야 옷을 제대로 입을 수 있는 것처럼, 일도 첫 시작을 잘 해야 성공할 수 있다.

어떤 직업이든 누구도 가르쳐 줄 수 없는 것들이 몇 가지 있다. 당신이 새로운 프로젝트를 제안했거나 새로 입사한 회사에서 새로 만든 부서를 이끌게 되었다고 가정해보자. 모든 일은 당신이 알아서 해야 한다. 자, 그런 상황이라면 어디서부터 시작할까?

새 회사에서 새로운 일을 시작한다는 것은 그 일이 어떤 일이든 충분히 힘들다. 그러나 어떤 프로젝트나 부서를 이끄는 것은 또 다른 이야기다. 당신에게는 무언가를 만들어 밑바닥부터 차근차근 쌓아가야 할 책임이 있다. 그것은 전에는 해본 적도 없고, 어쩌면 존재조차 하지 않았던 일일 수도 있다. 그 새로운 일을 빨리 파악하지 못하면 당신은 실패할 수도 있고, 한다고 해도 그저 그렇게밖에 못해낼 수도 있다.

새로운 일을 시작할 땐 반드시 기억해야 할 것이

있다. 즉, 당신이 들이는 노력의 80퍼센트는 일을 시작하는 데 쏟아야 한다는 것. 어떤 일이든 시작하기 전에 준비를 잘하면 잘할수록 그만큼 더 순조롭게 진행되기 때문이다. 유비무환(有備無患) 아닌가!

끊임없이 자신에게 질문하라

질문을 던지면 생각을 해야 답을 얻을 수 있다. 어떤 일이든 생각을 하지 않고 처리할 수는 없다. 그러니 자신에게 끊임없이 질문하고 답을 찾는 습관을 익혀라.

새로운 일을 접할 때 가장 위협적인 요소는 그 일의 성격을 알 수 없다는 점이다. 당신은 위에서부터 내려온 모호하고 추상적이며 거대한 임무를 구체적이고 작고 익숙한 업무들로 바꿔야 한다. 따라서 새로운 일이 맡겨졌다고 노심초사하면서 잠 못 이루기만 해선 안 된다.

그보다는 항상 수첩을 가지고 다니면서 할 일이 떠오를 때마다 메모하자. 그리고 그 일을 언제, 누가 해야 할지도 함께 적자.

새로운 과업에 대한 걱정과 근심을 가라앉히는 동시에 당신 앞에 놓인 문제들을 해결하기 위해서는 스스로에게 끊임없이 질문을 해야 한다.

'이 일은 내가 전에 했던 어떤 일과 비슷하지?' 지금 당신이 하고 있는 일이 예전에 했던 어떤 일과 비슷하다는 것을 캐치해낼 수 있다면, 훨씬 단순하고 쉽게 일에 접근할 수 있을 것이다.

그리고 또 일의 절차에 대해 너무 많이 생각하지 마라. 새로운 일이 과자를 굽거나 자동차 엔진오일을 바꾸는 것과 별반 다르지 않을 거라 생각하라.

이런 마음가짐으로 새로운 일에 임한다면, 금방 익숙해질 것이다.

최선의 결과를 얻자

기업의 목표는 이윤이다. 이윤을 많이 남기려면 최소의 비용으로 최대의 효과를 얻어야 한다. 그러므로 일을 잘 한다는 것은 결국 최선의 결과를 얻는 것이다.

새로운 업무를 시작할 때면 가능한 모든 해결책을, 가능한 모든 주제를 다뤄보고 싶은 충동에 사로잡힐 때가 있다. 그 중 어느 하나라도 맞겠지 하는 확률을 높이려는 마음에서. 그런 여러 가지 가능성들을 팀원들과 의논해보는 것이 나쁜 것은 아니다. 새로운 업무를 추진하는 과정에서 특정 아이디어에 노력을 집중하면 얼마만큼의 대가를 얻을 수 있는지 알아본다는 측면에서도. 그리고 그 아이디어들을 평가해볼 필요 면에서도 그렇다.

하지만 잊지 말아야 한다. 당신에겐 모든 방법을 다 시도해볼 수 있는 자원이 없다는 것을. 일을 잘한다는 것은 제한된 자원을 가지고 최대한의 결과를 얻을 수 있는 업무 방식을 선택해야 한다는 의미다.

예상 문제 리스트를 작성하라

학교 다닐 때 공부 잘하는 학생은 예습하고 연습 문제를 만들어 풀어보는 친구였다. 일 잘하는 사람 역시 예상 문제를 리스트로 만들고 그에 대한 해결책을 생각해보는 습관을 가진 이들이다.

일을 하다보면 부정적인 사고를 갖기 쉽다. 하나 둘씩 문제가 발생하기 시작할 때는 특히 그렇다. 그런 패배주의적인 사고를 갖지 않으려면 예상할 수 있는 문제들의 목록을 미리 만들어두면 도움이 된다. 그리고 그 문제들에 대해 적어도 한 가지씩의 해법을 적어보는 것이다. 그렇게 하다 보면 두려움은 사라지고 어떤 문제든 해결할 수 있을 거라는 자신감이 생길 것이다.

업무 패턴을 만들자

업무패턴을 만들어 진행하면 몸에 밴 좋은 습관처럼 효과적이다.

우리의 뇌는 조목조목 정리된 구조를 좋아한다. 뇌가 작용할 수 있는 최적의 구조로 만들어졌을 때 우리의 뇌는 더 잘 기능한다. 따라서 새로운 업무를 처음 시작할 때부터 특정구조를 갖추도록 '패턴'을 찾는 습관을 가져야 한다.

패턴에는 하루 중 언제 일을 해야 하는지, 언제 사람들에게 연락할 수 있는지, 그리고 언제 애로사항이 생기는지 등도 포함된다. 그런 패턴들을 찾아 그 패턴에 따라 일을 하면 업무를 즉각적으로 지배하고 효율적으로 관리하는 데 도움이 된다. 그리고 이런 경험은 다음에 새로운 과업을 시작할 때도 도움이 된다.

업무관리에 도움이 되는 또 다른 패턴 활용법은 업무를 몇 개의 그룹으로 분류하여 관리하는 것이다. 즉, 비슷한 일들을 하나의 그룹으로 묶고 그 그룹의 일들을 한꺼번에 처리하는 방식이다. 이렇게 하면 업무를 더 효율적으로, 더 집중해서, 더 정확하게 처리할 수 있다.

순서에 따라 일을 처리하는 방식이 지닌 힘을 과소평가해서는 안 된다. 외과 의사들과 화가들이 도구를 매번 같은 방식으로 정렬하는 것처럼, 항공기 조종사가 이륙하기 전에 체크리스트를 다시 한 번 확인하는 것처럼, 당신도 일을 하면서 체크리스트를 만들고 자신만의 순서와 방식을 확립해야 한다. 이렇게 하면 일을 하는 데 드는 에너지를 절약할 수 있고, 번번이 업무 순서를 새로 정할 필요가 없어 시간을 절약할 수 있다. 또 실수하거나 할 일을 잊어버리는 실책도 피할 수 있다.

일은 변한다는 것을 명심하라

 세상은 시시각각 변한다. 따라서 일도 시시각각 변한다.

 아직 미숙한 일을 이미 알고 있는 익숙한 업무 패턴 속으로 편입시키는 것은 새로운 업무에 착수하는 과정 내내 계속해야 할 일이다. 일은 계속해서 변하기 때문에 어제 했던 일을 오늘 새롭게 조정해야 할 수도 있다. 지금, 그리고 앞으로도 항상 기억해야 할 규칙이 또 하나 있다. 그것은 '일이 변하지 않고 똑같은 상태로 남아있기를 기대하지 마라.'는 것.

업무를 분류하라

 분야별로 업무를 분류하면 여러 가지 이점이 있다.

 일 잘하는 사람의 책상은 언제든 앞에 앉아 일할 수 있게 항상 정리가 잘 되어 있다. 특히 서랍은 칸을 지어 가지런히 정리되어 있는데 업무도 마찬가지다.

 새로운 일을 할 때 스트레스를 느끼는 요인 중 하나는 그 일을 정해진 시간 안에 못 끝낼지 모른다는 불안감이다.

 업무들마다 이름을 붙이고 분류하면 그런 문제들은 어느 정도 해결할 수 있다. 그리고 업무 그룹별로 마감기한을 정해두면 일을 제때에 끝낼 수 있을 거라는 확신을 가질 수 있게 된다. 그러므로 문제를 좀 더 잘 해결할 수 있게 된다.

 정리해보면 일을 시작했고, 업무들을 몇 개의 그룹으로 분류했다면, 이제 그 그룹들을 우선순위에 따라 배열하고, 각각 끝마쳐야할 마감기한을 두라는 것이다.

같은 목표를 향하고 있음을 주지시켜라

놀더라도 일하는 사람들과 목표가 같음을 항상 주지시켜야 한다. 업무성과가 뛰어난 능력자는 일을 하면서 걸림돌이 되는 것이 아니라 디딤돌 역할을 많이 한다. 달리는 사람을 더 잘 달리게 하는 것이 능력자다. 당신이 쉬고 싶다고 달리는 사람 뒷다리 잡지는 마라.

당신과 함께 일하는 사람들의 행동을 당신이 컨트롤해야 한다는 생각은 버려라. 당신이 사람들을 컨트롤하면 당신뿐 아니라 함께 일하는 사람들 모두를 금방 지치게 만든다. 사람들을 더 잘 관리하는 방법, 그리고 시간을 더 잘 활용하는 방법은 모두가 일의 궁극적인 목표를 향해 함께 일을 하고 있음을 계속해서 확인시키는 것이다. 그리고 당신이 해야 할 가장 중요한 일은 업무의 목표를 완수할 수 있도록 전략을 수립하는 일이다.

일은 나누어서 해라

일은 나누어서 해야 능률도 오르고 시간도 절약된다. 아무리 슈퍼맨 슈퍼우먼이라도 많은 일을 혼자 다 할 수는 없다.

지금 당신이 하고 있는 프로젝트는 '당신의 프로젝트'다. 하지만 다른 사람들과 책임을 나누지 않으면 큰 실수를 하게 될 것이다. 다른 사람들과 함께 일하고 있다면 업무의 일부를, 그리고 마감 기한을 그들에게 위임해야 한다. 그렇게 하면 당신의 업무량과 부담이 줄어들 뿐 아니라 다양한 아이디어와 해결책도 가질 수 있고 인력 풀을 확장할 수 있다. 경험 많은 동료들에게 조언 구하기를 자존심 상하는 일로 여길 필요는 없다. 도움을 주려는 마음가짐을 가진 사람을 선택하면 시간은 단축시키고 장애물은 줄일 수 있다.

습관을 바꿔라

습관을 바꾸기는 아기가 엄마 젖을 떼는 것만큼이나 어려운 일이다. 그러나 그것이 나쁜 것이라면 과감히 바꿔야 한다.

습관을 바꾸는 것은 고통스러운 과정이다. 습관을 바꾸려면 끊임없이 자신을 인식해야 하고, 자신이 말하고 생각하는 방식에 귀 기울여야 한다. 그것은 마치 오랫동안 몸을 구부리고 걷다가 몸을 똑바로 펴고 걸으려는 것과 마찬가지다. 습관을 바꾸려면 오랫동안 위축되어 있던 정신의 근육을 늘려야 한다. 그러자면 스스로에 대한 인내심을 가져야 하고 단호해야 한다. 예전처럼 푸념을 하거나 남을 비난하거나 불평하는 모습을 발견하면 당장 그런 행동을 멈추고 스스로를 바로잡아야 한다. 늘 긍정적으로 생각하고 행동하도록 노력해야 한다.

습관을 바꾸면 대가가 따른다. 다른 사람이 당신을 대하는 태도가 바뀌는 것을 느낄 수 있을 것이다. 사람들은 당신을 예전보다 더 존중할 것이고,

당신의 말에 좀 더 귀를 기울일 것이며, 당신의 부탁이나 요구를 들어줄 것이다. 그리고 시간이 지남에 따라 당신 스스로도 자신을 더 존중하게 될 것이다.

당신은 달라질 수 있다. 자신의 나쁜 습성을 인식하고, 그런 습성이 앞날에 어떤 악영향을 끼칠지를 바로 인식할 때 비로소 변화는 시작된다. 그런 인식이 될 때 비로소 부정적이고 나쁜 습성을 바꿀 수 있다.

내 친구는 최근 욕을 하면 할수록 업무에서 실수를 더 많이 한다는 사실을 깨달았다고 한다. 그는 자신이 욕을 하는 것은 일에서 느끼는 좌절감이 자신을 괴롭힐 때 나타나는 신호라고 했다. 욕을 하다보면 차근차근 생각하지 못하게 되고, 결국 실수에 이르게 된다는 것이다. 이제 그는 욕을 하고 싶을 땐 스스로를 진정시키고, 짜증을 불러 욕을 하게 만드는 장애물을 생각하는 대신 그 순간 자신이 하고 있는 일에 신경을 집중한다고 한다.

긍정적인 마인드를 가져라

　긍정적이고 밝은 마음을 가지면 일도 긍정적으로 원활히 진행할 수 있다. 마음가짐이 당신을 실패하게 할 수도, 성공하게 할 수도 있다.

　당신은 회사 전체에서 가장 귀찮은 존재다. 어느 누구도 아닌 바로 당신이 말이다. 당신이 만약 이런 태도를 가졌다면 어떨까?

- 당신이 가진 문제점들을 이야기해 보지만 해결될 기미가 보이지 않는다.

- 당신을 비참하게 만드는데 온 힘을 쏟고 있는 사람이 한둘은 있다.

- 당신에게 일어난 나쁜 일에 대해서 남을 비난하고 책임을 돌릴 수 있다.

　이런 상황들이 친숙하게 느껴진다면 당신은 태도가 좋지 않은 사람이다. 즉 부정적인 태도다. 당신이 사무실로 들어가기도 전에 당신의 이런 태도가 당신의 성공 가능성을 날려버릴 것이다.

　당신을 도와줄 수 있는 사람들도 당신의 부정적인 태도 때문에 당신 곁을 떠나고 말 것이다. 부정적인 생각을 가진 사람 곁에 있고 싶어 하는 사람은 없기 때문에. 당신의 상사는 당신을 공을 들여 키울만한 부하직원은 아니라고 생각할 것이다. 부정적인 태도는 당신이 일에서 얻을 수 있는 즐거움을 느끼지 못하게 만들고, 당신 앞에 다가오는 많은 기회들을 보지 못하게 할 것이다.

그러나 가장 나쁜 점은 당신 스스로 그런 태도에 너무나 익숙해져서 자신이 그런 태도를 지니고 있다는 사실을 깨닫지 못한다는 점이다. 사실 부정적이고 비관적인 태도를 가진 사람 중에 자신이 그렇다는 사실을 인정하는 사람은 거의 없다. 대신 그들은 자신의 문제점을 모두 다른 사람들 탓으로 돌려버린다.

자신이 가진 꿈과 계획들이 실현될 수 있게 하려면 그런 태도를 조절하고 제어할 수 있어야 한다. 그러기 위해 가장 먼저 필요한 것은 자신의 태도가 어떠한지를 깨닫는 것이다. 일에 대한 태도, 동료들에 대한 태도, 권력을 가진 사람들에 대한 태도, 특히 실패하거나 실망한 위기 상황에서 자신이 어떤 태도를 보이는지를.

나만 아는 직장생활 꿀 팁

행동을 바꿔라

이제는 긍정적이고 적극적으로 행동을 바꿀 때다. 마음가짐에 따라 성공과 실패가 결정된다고 해도 과언이 아니다.

삼풍백화점 붕괴사고 당시 7일 만에 구조된 젊은 청년과 어린 여직원은 밝은 성격과 긍정적인 생각을 했기에 장시간 생명을 유지하고 구조될 수 있었다.

일에서도 마찬가지다. 할 수 있다는 자신감과 하겠다는 의지가 있어야 성과물을 보여줄 수 있다.

그럼 이제 행동을 바꿀 수 있는 몇 가지 기술들을 살펴보자.

- 자신의 행동을 관찰한다. 특히 스트레스 상황에서 어떻게 행동하는지.

- 자신이 사람들에게 뭐라 말하는지 살펴보고, 자신을 화나게 만드는 게 뭔지 세밀히 관찰한다.

- 짜증나는 상황이나 환경, 사람들을 바꾸기는 어렵지만 자신의 행동을 바꿀 수는 있다는 사실을 인식한다.

- 스스로에게 인내심을 갖되 단호한 태도를 가져
야 한다. 사랑하는 어린 아들을 대하듯이.
- 자신의 행동을 제어하고 책임질 수 있다면 얼마
나 흐뭇할지 생각한다.
- 짜증나게 하는 상황이나 사람들도 스스로 노력
할 때는 그렇지 않을 수도 있음을 기억한다.

나만 아는 직장생활 꿀 팁

태도를 개선하라

바르고 균형 잡힌 태도는 당신을 성공으로 이끌 수 있다. 지금부터라도 부정적인 태도를 버리고 긍정적이고 밝은 마음자세를 갖도록 하자.

신문이나 잡지에서 Before와 After를 비교하는 기사들을 본 적이 있을 것이다. 헤어드레서나 메이크업 아티스트의 도움을 받아 멋지게 변신한 모습을 보여주는 기사 말이다. 외모를 개조한 자신의 모습을 상상하는 것도 재미있겠지만, 태도를 개선한 모습을 상상하는 것은 더 기쁘고 재미있을 것이다. 자신의 태도 중에서 바꿔야할 면은 어떤 것인가 생각해보자.

외모와 마찬가지로 태도 또한 나쁜 습관이 여럿 모이다 보면 점차 나빠진다. 신발의 굽이 한쪽만 닳게 놔두는 것처럼 태도 또한 방치할 수 있다. 그러다보면 신발과 마찬가지로 태도도 버리고 새로 사야하는 지경에 이를 수 있다. 그렇게 되기 전에 균형 잡힌 태도를 유지해야 한다.

부정적인 태도는 스스로 비참한 기분이 들게 만

들 뿐 아니라, 여러 기회를 차단시킨다. 부정적인 태도를 갖고 있는 사람에게 기회는 귀찮은 일이나 하찮은 일로 느껴질 뿐이다. 또한 부정적인 태도는 그 사람 주변의 분위기를 오염시킨다. 당신이 부정적이고 비관적인 태도를 갖고 있으면 사람들은 당신을 피할 것이고, 결국 당신은 지지자를 갖지 못하게 된다. 아무리 당신을 좋아하는 사람이라도 당신의 불평을 언제까지고 들어줄 수는 없다.

긍정적으로 표현하라

말은 자기최면을 유도한다. 그래서 하고나면 실천하게 되니 긍정적인 말을 많이 해야 한다.

말로 천 냥 빚을 갚는다, 오는 말이 고와야 가는 말이 곱다 등 말과 관련된 속담이나 격언도 많다. 말은 곧 사상의 표현이다.

부정적인 태도를 개선하는 첫 번째 단계는 남의 험담을 하지 않는 것이다. 부정적인 말이 나오려고 하면 얼른 삼켜라. 그러면 사람들은 한동안 당신이 말을 못하게 된 것이 아닌가 걱정할지도 모른다. 그리고 당신은 그동안 얼마나 많은 부정적인 말들로 당신과 주변 사람들의 마음을 오염시켜 왔는지 깨닫게 될 것이다. 우울한 기분은 전염력이 있다. 다른 사람의 얼굴에 대고 재채기를 하면 안 되는 것처럼 아무 잘못 없이 가만있는 사람에게 '불만족 바이러스'를 옮기면 안 된다.

계속해서 불평한다고 화가 풀리지는 않는다. 오히려 마음의 상처만 드러날 뿐이다. 당신도 불평을 하면 기분이 좋아지기는커녕 더 나빠진다는 걸

알고 있을 것이다. 아무리 많은 사람들에게 불평을 해대도 동정은 받을 수 있을지언정 기분은 좋아지지 않는다. 부당한 취급을 받는다는 느낌도 사라지지 않는다.

얼마간 침묵을 지킨 후에는 부정적인 말투를 긍정적인 말투로 바꾸는 연습을 하라. 부정적인 생각을 긍정적으로 바꿀 수 있도록 주변을 긍정적인 것들로 채우는 연습을 하자는 것이다. 긍정적인 내용의 책이나 기사를 읽고 보자. 나는 컴퓨터 안에 기운을 북돋워주는 낙천적이고 재미있는 이야기들을 저장해 놓았다. 사랑하는 사람의 사진이나 당신 아이가 그린 그림, 혹은 자그마한 장신구를 주머니에 넣고 다니며 수시로 꺼내 보는 것도 도움이 될 것이다.

나만 아는 직장생활 꿀 팁

남을 비난하지 마라

남이 비난하는 소리를 들으면 기분 좋아하는 사람도 있지만 그 비난이 자신에게로 돌아올 수도 있기 때문에 싫어하는 사람도 많다. 그러니 남을 비난하지 마라.

비난하는 동기나 이유를 찾을 수 있다면 비난하기 좋아하는 습관도 버릴 수 있을 것이다. 스스로에게 이렇게 질문해 보라.

'내가 비난하는 사람들에게 동경하거나 질투할 것이 있나?'

적어도 이 질문에 대한 답을 찾는 동안은 비난을 줄일 수 있을 것이다. 당신이 이 질문에 정직하게 대답할 용기가 있다면 당신을 짜증나게 하는 그 사람이 당신이 원하는 일을 하고 있거나 당신보다 대인관계를 더 잘 이끌어나간다는 사실을 인정해야 할 것이다. 그 사람을 보면서 자신을 발전시킬 수 있음에도 불구하고 당신은 그 사람을 나쁜 사람으로 만들고 있지는 않은가?

나만 아는 직장생활 꿀 팁

적을 내편으로 만들자

 적을 내편으로 만들지는 못하더라도 최소한 예의 바르게는 대해야 한다. 냉소적인 이유에서라도 이런 연습을 시작할 수 있다. 하지만 당신의 적도 당신처럼 변하고 있을지 모른다는 사실을 간과해서는 안 된다.

 우선 적이 당신에게 잘못한 일들에 분노하느라 허비한 시간들을 생각해보자. 악의에 차서 그에 대한 반론을 펴고, 그에 대한 험담을 퍼뜨리고, 자신의 오래된 상처를 들추고. 정말 한심하지 않은가? 그렇게 무가치하고 불건전한 일에 시간을 버리고 정신을 빼앗기는 대신 당신이 할 수 있었을 생산적인 일들을 생각해 보자.

 그러니 이제는 적을 만나도 미소를 지으면서 '안녕하세요?'라고 인사해보자. 꽃을 보내거나 사과의 메시지를 보내거나 집으로 초대하는 등의 행동은 삼가야 한다. 그런 행동은 불필요한 이목을 끌거나, 상대가 당신의 동기를 의심하게 만든다. 처음에는 인사를 건네는 것으로 시작하고, 시간이 지나면 대화를 나누도록 하자.

 일단 적대적인 행동을 그만두고 나면, 당신은 당신의 '적'이 당신의 쌀쌀한 행동에 당황하고 있었다는 사실을 알게 될 것이다. 아니면 상대방은 당신이 그랬다는 사실을 전혀 깨닫지 조차 못하고 있을 수도 있다. 지금은 믿어지지 않겠지만, 시간이 가면서 당신의 적이었던 사람이 당신편이 될 수 있다. 그리고 시간이 지나고 나면 당신을 괴롭힌 것이 무엇이었는지조차 기억하지 못하게 될 테고, 심지어 그 사람이 한때 당신을 괴롭게 했다는 사실조차 기억 못하게 될 것이다.

스스로를 위안하라

세상에 나만큼 소중한 존재는 없다. 내가 없으면 세상은 아무 것도 아니다. 그러니 자기 스스로를 자주 위로하고 껴안아 주라.

당신이 하고 있는 부정적인 생각들 중 다수가 사실일지는 몰라도 비생산적임에는 틀림없다. 이제는 스스로에게 이렇게 말해보자. '네 말이 맞아. 나보다 연봉을 더 받고, 일은 더 적게 하고, 일도 잘하지 못하는데 승진을 하는 사람들이 있지. 나는 아무도 알아주지 않아. 하지만 인생이란 그런 거 아니겠어. 계속 열심히 하다보면 알아줄 날이 오겠지.'

자원하라

남이 시켜서 억지로 하는 것보다 자진해서 자원하면 태도를 개선할 수 있다.

부정적인 태도의 유형을 알면 그 치유법도 알 수 있다. 비판가 형을 보자. 비판하기 좋아하는 겉모습 이면에는 책임지기 좋아하거나 적어도 영향력 갖기를 즐기는 사람이 있을 것이다.

하지만 정작 비판가들은 책임지기를 원치도 않고, 자신이 내놓는 비판적인 아이디어를 실현시킬 자신감도 없는 경우가 흔하다. 그리고 모르긴 해도 비판가들은 지금의 담당자보다 일을 더 못할 것이다. 하지만 비판가가 계속해서 책임은 지지 않고 옆에서 비판만 하는 한, 우리는 그런 사실을 알 수가 없다.

부정적인 태도에는 부분적이나마 해결책이 있다. 예를 들어서 당신이 비판가 형이라면 어떤 문제를 해결하겠다고 자원해보라. 그러면 전문적인 기술과 자신감을 기르는데 도움이 될 것이다. 그리고 뒤에서 비판만 하는 대신 뭔가 긍정적인 일을 할 수 있을 것이다.

 만일 진지하게 노력했는데도 자신의 태도가 변하지 않았다면 부정적인 태도는 단지 습관이 아니라 심각한 문제일 수 있다. 당신의 부정적인 태도 뒤에는 어떤 불편한 진실이 숨어있을까? 이 질문에 대답하는 것은 상처에 붙어있던 반창고를 떼어내는 것처럼 따갑고 아픈 일이다. 하지만 그것을 알아내는 것이 장기적으로 태도를 개선하는 중요한 열쇠가 된다. 정말로 잘못된 것이 무엇인지 알아내야만 변화도 가능하다.

해결책을 찾자

불평이나 불만을 하나하나 짚어보고 원인과 해결책을 찾자.

승진과 연봉은 하늘에서 그냥 떨어지는 것이 아니다 계속해서 요구해야 얻을 수 있다. 계속 요구해도 받아들여지지 않는다면 다른 부서나 다른 회사로 옮겨야 한다. 다른 곳에서라도 발전할 수 있도록 스스로 준비해야 한다.

그러나 부정적인 태도 때문에 고통받아온 사람이라면, 용기가 없을 것이다. 그런 당신은 겁쟁이다. 당신은 겁쟁이가 아님을 증명하기 위해 당신이 지닌 능력과 당신이 이룬 성과들을 정리하여 상사에게 전달해야 한다. 세미나나 워크숍, 관련 강좌 등에 참석함으로써 그런 기술들은 습득할 수 있다. 하지만 무엇보다 우선해야 할 것은 자기 자신을 믿는 일이다.

이렇게 하다보면 어느 순간 당신의 불평지수는 떨어질 것이다. 자신을 변화시키고자 노력하다보면 다른 사람들을 불평할 시간이나 에너지는 남아있지 않을 것이다. 더 열심히 일하고 여가시간에는 공부를 하는 그런 노력이 현재 회사에서 별 소용이 없다면 다른 회사를 찾으면 된다. 물론 그렇게 하자면 많은 노력이 필요하다. 위험하기도 하다. 회사를 그만둔 후에 당신이 원하는 것을 얻게 되리라는 보장은 없기 때문에.

새 친구를 사귀어라

새로운 태도를 지켜가려면 친구들을 새로 사귈 필요가 있다. 태도를 긍정적으로 바꿔가는 기간에는 당신의 예전 동료인 '불평분자 그룹'에게로 돌아가지 않도록 특히 조심해야 한다. 그들은 늘 불평을 하고 남들을 비난하고 모든 것을 비판하기만 하는 나쁜 태도를 가진 사람들이다.

당신은 그런 사람들을 멀리하며 살아가는 방법을 배워야 한다. 이것은 직장 생활에서 대단히 낮게 평가되는 능력이다. 그러나 부정적인 태도를 개선해가고 있는 지금의 당신에게는 그런 능력이 절실히 필요하다. 물론 나중에도 당신이 어디를 가든 나쁜 태도를 가진 사람들은 존재할 것이기 때문에. 그런 사람들은 항상 스스로를 불행하게 느낀다. 그들 중에는 일하는 시간보다 불평하는 시간이 더 많은 사람들도 있다. 당신은 그런 사람들에게 휩쓸려 예전의 습관으로 돌아가고 싶지는 않을 것이다.

불평분자와는 떨어져 지내라

　최악의 경우 '불평분자 그룹'이 당신의 일 속으로 스며들어와 피하기 힘들 수도 있다. 스스로를 불행하게 느끼는 사람들과 함께 일하는 것은 당신의 정신 건강에 위험할 수 있다. 공포영화 속의 좀비들처럼 그런 사람들은 다른 사람들을 잡아먹지 않고는 버티지 못한다.

　그들은 자신들이 당신에게 해를 끼치고 있다는 사실조차 깨닫지 못하고 있을 것이다. 사실 알고 보면 그들이 원하는 것은 자신의 좌절감을 발산하려는 것뿐이다. 하지만 그들이 위험한 까닭은 모든 사람들이 자신들처럼 불만을 품게 만들려고 하며, 그 무엇도 그들을 막을 수 없기 때문이다.

　그들은 문을 부수거나 창을 넘어 들어와 당신을 그들과 같은 불평분자로 만들려고 한다. 그것은 그들 스스로도 막을 수 없다.

　그들을 멀리하는 제1법칙은 '당신은 불행한 사람들을 도울 수 없음을 기억하는 것'이다. 그들을 돕겠다는 마음으로 그들에게 이치에 닿게 설명하려고 해봐야 말을 꺼내기도 전에 그들의 부정적인 태도가 당신에게 전염될 것이다. 그러니 그들을 변화시키거나 그들과 논쟁하고자 에너지를 낭비하지 마라.

자존심을 크고 넓게 가져라

당신의 자존심은 모든 압력을 견뎌낼 수 있을 만큼 크고 넓어야 한다.

불평분자 대열에 끼기를 거부한다면 당신은 의심받거나 따돌림 당할 수 있다. 불평분자들의 입장에서는 당신의 존재자체가 그들에게 위협이 되기 때문에 당신을 제압하려 들 것이다. 당신이 직장에서 불행하지 않다면, 그것은 그들의 입장에서는 뭔가 잘못된 것이다. 그러니 그들은 그런 사실을 알고 싶어 하지 않는다.

잘못된 쪽은 당신이라는 확신을 갖기 위해 그들은 당신이 뭔가 잘못을 저질렀다고 생각하고 그 잘못을 찾아내려 할 것이다. 그래서 최악의 경우 당신은 혼자 점심을 먹어야 할지도 모르고, 이런저런 모임에 초대받지 못할지도 모르며, 상사의 똘마니라는 오명을 얻을지도 모른다. 그것이 사실이든 아니든.

또한 당신은 친구라고 생각했던 사람들을 잃을지도 모른다.

자신을 보호하라

당신 자신을 보호하기 위해 할 수 있는 일들이 몇 가지 있다. 가능하다면 직장에서 새로운 친구들을 찾는 것이다. 직장이 너무 좁다면 직장을 벗어난 곳에서 당신에게 에너지를 줄 수 있는 사람들과 함께 할 수 있는 활동을 찾아라. 당신의 업무와는 아무 관계가 없는 친구들이나 가족과 더 많은 시간을 보내도록 하라. 혼자 점심을 먹게 되더라도 회사건물에서 나와서 식사를 하면 외로움을 덜 느낄 수 있다. 혹은 점심시간을 이용해서 운동을 할 수도 있고, 자원봉사활동에 참가하거나, 관심 있는 강좌를 듣거나, 새로운 기술을 배우는 것도 좋다. 그런 것들로 공백을 채울 수 있다.

상황을 변화시켜라

당신은 상황을 변화시킬 수 있다. 그것이 모든 게 잘못되었다는 기분을 효율적으로 치유할 수 있는 가장 좋은 방법이다.

어느 순간 당신의 노력에도 불구하고 '일이 싫어' 바이러스가 전염되었음을 깨달을 수도 있다. 그럴 땐 어떻게 해야 할까?

우선 업무 상황을 나아지게 할 방법을 알아내야 한다. 직장생활에서 뭔가가 잘못된다면 당신의 마음속에도 불평이 고개를 들기 시작할 것이고, 그러면 당신은 '그 사람들 생각이 옳았는지도 몰라.'라고 생각할지도 모른다. 물론 그 사람들이 옳았을 수도 있다. 하지만 그들은 그런 좋지 않은 상황을 변화시키려 하기보다는 비난하고 불평하면서 스스로를 무기력하게 만들었다.

승진할 방법을 찾거나 다른 부서로 전근을 가는 것도 좋다. 혹은 회사를 옮길 때가 되었다면 옮겨도 좋다. '행동'은 불평분자 그룹이 퍼뜨린 독을 해독할 수 있는 궁극적이고도 최선의 치료제이다.

상황을 변화시키려는 노력을 미루면 미룰수록 당신은 더 빨리 불행의 늪 속으로 빠져들 것이다.

남 탓하지 마라

남들에게 책임을 돌리는 것과 스스로 책임을 지는 것은 태도라는 동전의 양면과 같다. 남들에게 책임을 돌리면 자신은 가만히 앉아서 아무 일도 하지 않아도 된다. 책임을 진다는 것은 당신이 하는 일뿐만 아니라 더 중요하게는 당신의 행동 혹은 행동하지 않은 것에 대해서도 책임을 진다는 것을 의미한다. 아무 일도 하지 않고 가만히 있기로 했다면 그것도 좋다. 하지만 기억하라. 가만히 있어야지 비난의 화살을 남들에게로 돌려선 안 된다는 것을.

내가 제일 좋아하는 티셔츠에는 '입 다물고 뛰어'라는 문구가 씌어 있다. 모든 상황에 적용시킬 수 있는 말이다. 지금은 '입 다물고 시도해봐'라고 응용할 수도 있겠다.

부정적인 태도를 바꾸는 것은 어쩌면 가장 어려운 과업일 수도 있다. 당신이 지닌 가장 심각한 성격적 결함 중 하나를 직시하고 극복해야하기 때문이다. 그리고 그런 노력을 하는 것은 아마도 당신 인생에 처음일 것이다. 자신이 불평분자이며 걸핏하면 남들을 비난하고 고자질하기 좋아하는 사람이라는 사실을 인정하고 싶은 사람이 누가 있겠는가? 하지만 쉽지 않더라도 부정적인 태도를 고치면 많은 보상이 따른다. 태도를 고치려 노력하는 와중에 예전모습으로 돌아가게 하려는 수많은 방해가 있을 것이다. 그럴 땐 이 장을 다시 읽어라. 그리고 자신이 변화하여 나아가려는 방향에 집중하여 계속해서 노력하라.

당장 목표를 진단하라

방향이 없으면 사람은 탈선하기 쉽다. 사실 당신이 한꺼번에 몇 가지 문제들로 고통 받고 있다면, 예를 들어 자꾸 일을 미룬다거나, 모든 게 따분하게 느껴진다든가, 무엇에도 집중을 못한다든가, 미래 따위의 뭔가를 잃어버렸다는 찜찜한 기분을 느낀다든가 하면 당장 당신의 목표에 대해 진단해봐야 한다.

우리들 대부분은 학교를 졸업한 후로 어떤 목표를 갖고 있는지에 대해 진단받은 적이 거의 없다. 그리고 어느 날 갑자기 우리는 '학교 다닐 때는 장차 회사를 경영하고, 소설을 쓰고, 지금쯤은 이천만 원쯤은 벌 거라 생각했는데…….' 따위의 탄식 섞인 말을 내뱉게 된다. 커리어의 목표는 자동차나 건강이나 사람들과의 관계처럼 정기적으로 유지하고 관리해주어야 한다.

다행히도 목표를 향해 노력하기에 너무 늦은 때란 없다. 내 지인 중 한 사람은 83세 된 이모님이 계신데 최근에 예술과 문학으로 석사학위를 박으

셨다고 한다. 대학졸업식에 가면 학사모를 쓴 할머니 할아버지들을 한두 명씩은 볼 수 있다. 신문에서 그런 이야기들을 기사로 즐겨 다루는 이유는 무엇일까? 우리 같은 사람들이 그런 기사를 보면 '나에게도 희망은 있구나!'라고 생각할 것을 알기 때문이다.

당신에게도 희망은 있다. 그리고 83세가 될 때까지 기다릴 필요도 없다. 그렇다면 목표에 대해 생각한 지가 너무 오래되었다면 어떻게 목표를 기억해낼 수 있을까? 아니면 어떻게 새로운 목표를 수립해야 할까? 우선 공상하는 연습을 하자. 그 다음에는 꿈을 실현시킬 조치를 취하자.

이상적인 하루를 그려보자

우선 가만히 앉아서 눈을 감는다. 숨을 깊이 들이마시고 긴장을 푼다. 그리고 자신이 생각하기에 가장 이상적인 하루는 어떨지 아주 구체적으로 상상한다. 자유롭게 마음껏 상상의 나래를 펼쳐본다.

위에 소개한 훈련은 자신의 더 나은 삶을 상상하면서 긴장을 푸는 기본적인 기술을 연마할 수 있게 해준다. 한 번 따라해 보자.

목표를 세우기 위해서는 자신이 뭔가를 '원한다.'는 사실을 인정해야 한다. 쉬운 이야기처럼 들릴지 모르지만 사실 무척 어려운 일이다. 자신이 가지고 있는 것에 안주하도록 조정되어 있는 사람들에게는 특히 더 그렇다.

당신의 이상적인 하루에는 여러 가지 활동이 들어 있다. 그리고 그 활동들이 모두 일과 관계된 것은 아닐 것이다. 예를 들어 해변을 따라 자전거를 타는 상상을 할 수도 있고, 해변 가까이에 사는 상상을 할 수도 있다. 당신이 이상적으로 생각하는 근무시간은 오전 11시부터 오후 7시까지일 수도 있다. 가족들을 만나기 전 30분쯤은 혼자 있을 시간이 필요할 수도 있다. 혼자 일하는 상상을 할 수도 있고, 다른 사람들을 감독하는 상상을 할 수도 있다. 혹은 당신이 지금 하고 있는 것과는 전혀 다른 일을 원할 수도 있다.

이런 이상적인 하루를 실제로 얻을 수 있다. 안 될 이유가 없지 않은가? 그런 하루의 절반만 성취하더라도, 아무것도 원하지 않았던 때에 비하면 훨씬 나을 것이다. 이상적인 하루를 구성하는 중요한 요소는 만족감과 균형감이다. 상상 속의 일이나 기타 활동의 어떤 요소가 자신을 기쁘게 만드는지 밝혀내자.

이제는 실제 직장에서의 하루를 생각해보자. 짜증나게 만드는 사람은 한둘이 아니고, 지루하고 짜증나는 일들도 수없이 많다. 하루 일과가 끝났을 때 당신은 뭔가 이룬 것 같은 기분은 계속 들 것이고, 만족스러운 날도 가끔 찾아올 것이다. 그렇게 지내면서도 당신은 심한 좌절을 맛보지 않고, 일과 삶의 긍정적인 측면을 기억할 수 있다. 하지만 그뿐만이 아니다. 분명 그 이상이 있다.

가진 것에 감사하자

우리는 흔히 갖지 못한 것에 대해 유감스러워하면서 갖고 있는 것에 대해서는 잊어버린다. 이제는 그런 태도를 버리고 갖고 있는 것에 감사하고 자신이 가진 것을 활용할 줄 알아야 한다.

이상과 현실의 차이가 너무 커서 아직도 움츠리고 있는가? 하지만 다행히도 지금 당장 바꿔서 짧은 시간 내에 건강한 정신을 되찾게 해줄 수 있는 것이 있다. 생각해 보자. 오늘, 다음 주, 그리고 다음 몇 달 동안 변화시킬 수 있는 것이 무엇일까?

예를 들어 자전거 타기를 생각해 보자. 당신은 아직 해변 근처에 살고 있지 않을지도 모른다. 하지만 여기서 자신을 파괴하는 가장 흔한 습관 중 하나를 극복할 수 있는 기회를 찾을 수 있다.

해변은 아니더라도 동네에서 자전거를 타기에 좋은 곳을 찾아보자. 친구를 설득해서 함께 타는 것도 좋다. 자전거를 타려면 한 시간은 일찍 일어나야 할지도 모른다. 그 사실을 불평하기 전에 한 시간 일찍 일어나 자전거를 탐으로써 얻을 수 있는 것들을 생각해보자. 몸과 마음의 긴장이 풀릴 것이고, 아름다운 풍경을 즐길 수 있을 것이며, 몸의 신진대사가 활발해질 것이고, 몸무게도 줄 것이고, 심장도 튼튼해질 것이며, 가장 중요하게는 자신에게 유익한 일을 선택해서 실천했다는 기쁨을 느낄 수 있을 것이다. 스스로를 관리한다는 기분, 잠을 한 시간 줄임으로서 얻을 수 있는 실로 큰 보상이다.

계획과 돈, 훈련, 그리고 다른 사람들의 협조가 필요한 장기적인 변화들을 계획할 때는 거기서 얻을 수 있는 보상을 염두에 두어야 한다. 그런 변화들을 이루어내려면 긴 시간이 필요할 것이므로, 그런 변화를 하려는 이유를 계속해서 상기해야 한다. 예를 들어 그런 변화를 달성함으로써 돈을 벌거나, 가족들과 더 많은 시간을 보내거나, 더 멋진 휴가를 보낼 거라거나 하는 등의 이유를. 그런 이유들이 당신의 마음을 움직인다면 노력해볼 만하지 않은가?

목표를 세우자

주저하지 말고 목표를 세우자. 숨을 크게 들이쉬고 해보는 거다. 단기적인 변화 하나를 선택하고 그와 연관된 장기적인 변화를 선택한다. 예를 들어 단기적인 변화는 회사에 세미나를 보내달라고 요구하는 것, 장기적인 변화는 업무를 한 단계 높은 수준으로 바꿔서 연봉인상이나 기타 혜택을 받을 수 있게 만드는 것 등이다.

변호사가 되는 상상을 했지만 사람들 앞에서 말하기가 두렵다면 그것은 심각한 장벽이다. 극복할 수 있는지 알아보려면 테스트를 해보면 된다. 말하기 훈련 강좌에 등록하고, 그곳에서 훈련받아 남들 앞에서 말하는 데 대한 두려움을 극복한 다음, 그보다 더 큰 문제를 고려해 본다. 예를 들어 변호사가 되기까지의 학비를 어떻게 조달할지 같은. 그 문제를 해결할 자신이 없다면, 더 늦지 않은 지금 그런 사실을 알게 되었음에 기뻐하자. 그리고 이상적인 하루를 다시 돌아본 뒤, 이룰 가능성이 좀 더 높은 목표를 찾아보자.

중간목표를 설정하자

장기적인 목표로 다가갈 수 있게 해주는 중간 목표를 설정하자. 예를 들어 변호사가 되기 위해 대학에 가기로 결정했다면, 그 목표를 위한 중간 목표가 몇 가지 있을 것이다. 법 공부를 하는 것 이외에도 재정적인 도움을 얻을 수 있는 곳을 찾아봐야 할 것이고, 직장생활과 학업을 병행하기 위해서는 업무시간도 조절해야 할 것이며, 믿을만한 보모를 찾아 아이를 맡겨야 할 것이다.

각각의 중간 목표에 대해서는 마감기한을 정한다. 각 목표가 어떻게 진행되고 있는지 정리한 표를 만들고 마감기한을 적어놓으면 목표를 이루는 데 도움이 된다. 중간 목표들을 하나씩 이루어감에 따라 당신은 이상적인 업무환경에 가까워지는 것이다. 목표들이 적혀 있는 종이 한 장이 그 목표들을 더욱 현실적으로 느끼게 해줄 것이다.

커리어 목표는 언제 다시 진단해야 할까? 불평이 늘어나고, 화를 자주 내고, 의기소침해지고 하는 것은 업무로 인해 지치고 있다는 전형적인 신호이므로 그럴 때는 진단을 해보는 것이 좋다. 한편 직장에서 보내는 시간이 대체로 즐겁더라도, 적어도 일 년에 한 번은 목표를 점검해보는 것이 좋다.

변화는 천천히 도모하라

누군가 큰 변화를 도모할 때 해줄 수 있는 최선의 조언은 그 변화를 천천히, 가능한 한 천천히 진행하라는 것이다.

얼마 전에 난 한 독자의 전화를 받았다. 그는 완전히 새로운 일을 하려고 생각 중이었다. 그는 자신이 운영하던 사업체를 매각했고, 가족들은 재정적으로 안정되어 있으며, 자신은 지금까지 하던 것과는 완전히 다른 일을 해보고 싶다고 했다.

대부분의 경우 지나치게 과감한 변화를 추구하고 있다면, 예를 들어 안정은 되어 있지만 따분한 은행 업무를 버리고 1인용 썰매경기 올림픽대표팀 코치를 하고 싶다면, 그것은 뭔가 잘못되어 있다는 신호다.

당신이 이런 식의 변화를 생각하고 있다면 그 이유는 다음 중 한 가지 일 가능성이 있다.

- 당신은 몹시 불행하다
- 당신은 인생이 당신에게 줄 수 있는 것과 줄 수 없는 것을 현실적으로 인정하지 못한다.

나만 아는 직장생활 꿀 팁

- 당신은 인생의 큰 위기를 겪고 있다.

- 당신은 당신의 삶에서, 가정에서, 목표에서, 혹은 가치에서 더 큰 문제를 회피하고 있다.

- 당신은 위의 모든 경우에 해당한다.

 아주 극단적인 변화를 통해 나쁜 상황을 개선시킬 수 있다는 환상을 갖고 있는 사람들이 많이 있다. 나에게 전화를 걸어왔던 독자와 달리, 우리들 대부분은 환상을 실현시킬 수단을 갖고 있지 못하다. 그래서 우리는 지금까지 살아온 대로 살아가는 것이고, 가능한 정도의 변화만 실행한다. 그것이 가장 안전한 방법이다. 하지만 정말로 꿈을 이루겠다고 결심했다면, 실현시킬 수 있는 방법들이 없는 것은 아니다.

변화의 동기를 먼저 생각하라

중요한 변화를 계획하기 전에 자신의 마음 상태를 재평가해보는 것이 중요하다.

당신은 혹시 중년의 위기를 겪고 있는 것은 아닌가? 그래서 당신이 살아오면서 이룬 것들의 가치를 과소평가하고 만족하지 못하는 것은 아닌가? 중년은 사람들이 자신이 과거에 했던 결정들에 대해 후회하기 시작하는 때이다. 그 결정들이 나쁜 것이었든 아니었든 후회는 할 수 있다.

중년이 아니더라도 지금 당신으로 하여금 도피하고 싶게 만드는 다른 문제가 있지는 않은가?

계획을 주변인들에게 알려라

 당신은 계획을 혼자서만 알고 있는 것이 더 나을 거라고 생각할지 모른다. 다른 사람들이 그 계획에 반대할 수도 있기 때문이다. 하지만 당신의 행동이 다른 사람들, 특히 당신의 삶에 있어서 중요한 사람들에게 끼칠 영향에 대해서도 반드시 생각해야 한다. 당신이 계획하고 있는 것들을 가족들에게 솔직하게 이야기하고 그들의 이야기를 귀 기울여 들어야 한다. 가족 이외에도 당신이 신뢰하는 사람들, 그러면서 동시에 당신의 행동에 직접적인 영향을 받지 않을 사람들에게도 당신의 계획에 대해 이야기하도록 하라. 다른 사람들의 견해를 들어볼 필요도 있으니.

구체적인 계획을 세워라

모든 중요한 행동에는 일련의 단계가 필요하고 그러자면 시간이 필요하다. 다시 말해서 계획이 필요하다.

변화를 이루려면 절벽에서 떨어지는 수밖에 없다고 생각하는 사람들이 있다. 말하자면 현재 하고 있는 일을 그만두거나 강제로 어떤 일을 하도록 해야 한다는 것이다. '생각을 너무 많이 하면 결국 실행에 옮기지 못해.'라는 것이 그들이 내세우는 근거다. 한 가지 위기를 벗어나 또 다른 위기에 처하고 싶다면 그렇게 해도 무방하다. 하지만 그것은 그다지 성숙한 행동이 아니다.

계획은 몇 개의 단계로 나누고 각 단계를 수행할 마감기한을 정한다. 계획을 세우는 것은 어려운 일이다. 계획을 세우는 과정을 통해서도 비현실적인 환상에 대한 열정이 식지 않는다면, 당신은 그 환상을 실현시킬 자세가 되어 있는 것이다.

목표와 관련된 조사를 하라

 장기적인 목표로 나아가는 각 단계를 실행하려면 시간과 돈은 얼마나 들며, 다른 사람들로부터 어떤 도움을 받아야 하는지, 그 외에 필요한 것은 무엇인지 현실적으로 계산해야 한다. '대학을 마치려면 시간이 얼마나 걸릴까? 학비는 또 얼마나 들까?' 유쾌하지는 않지만 피할 수 없는 그런 사실들을 토대로 우리는 비현실적인 아이디어를 포기할 수도 있고, 아이디어를 새롭게 평가한 후 좀 더 합리적인 계획을 세울 수도 있다.

나만 아는 직장생활 꿀 팁

전문가들의 조언을 구하라

정보를 얻기 위한 인터뷰는 학생들만 하는 것이 아니다. 당신이 하고 있는 일로 이미 성공한 사람을 찾아서 인터뷰를 요청하라. 이미 성공한 '프로'들과 대화를 나누고 그들이 가진 정보와 식견, 경험을 공유하는 것은 아주 귀한 학습이 될 것이다.

제2의 계획을 세워라

계획을 행동으로 옮기기 전에 그 계획을 뒷받침할 수 있는 제2의 계획을 세워야 한다. 한 가지 목표를 달성하고 나서 보니 그것이 당신이 원하는 전부가 아니라면? 가라앉고 있는 배에서 다른 배로 뛰어내렸더니 그 배 또한 가라앉고 있다면? 그런 경우 당신은 예전의 일로 다시 돌아갈 방법을 찾거나, 아니면 새로운 상황이 더 만족스러워질 수 있도록 방법을 찾는 수밖에 없을 것이다.

계속 노력하라

 당신은 이 책을 여기까지 읽어오면서 목표를 이루기 위해 준비해야 하는 수많은 일들 때문에 용기를 잃었을지도 모른다. 하지만 그럴 필요 없다. 목표를 향해 계속 노력하라. 자신의 꿈이 무엇인지 알고 그 꿈을 이루기 위해 계획을 세우고, 결국 그 꿈을 이루는 것만큼 가치 있는 일도 없다.

1개년 계획을 세우자

1개년 계획을 세워보자. 거꾸로 생각해보면 당신은 원하는 목표로부터 1년 밖에 떨어져 있지 않다. 다음에 제시하는 1개년 계획을 실천하면 1년 만에 목표를 달성할 수 있을 것이다.

오늘 해야 할 일

오늘 당장 자신의 목표와 목표까지 가기 위한 중간 단계, 목표를 이루기 위해 필요한 자원들, 외부에서 받아야 할 도움 등을 적어보자. 이 작업에 오랜 시간을 들여선 안 된다. 1시간 이내에 마쳐라.

목표는 반드시 새로운 것일 필요는 없다. 몇 년 동안 당신이 해온 일이나 피해온 일이 목표가 될 수도 있다. 하지만 그것을 목표로 세운 이상 그것을 달성하기 위한 계획을 주의 깊고 세세하게 세우고 정확히 기록하자. 이 계획은 목표를 이루기 위해 스스로와 하는 첫 번째 구체적인 약속이니.

매주, 매달, 그리고 4개월 단위로 달성해야 할 하위 목표들도 기록한다. 그리고 그 하위 목표들을 달성해야 하는 기한도 적어 넣는다.

당신이 세운 목표가 야간 대학원을 졸업하는 것이거나, 현재 말단 사원인데 부서장이 되는 것이라면 크게 2개년, 혹은 5개년 계획을 세우고, 1개년 계획을 그 큰 계획의 한 단위로 활용할 수도 있다. 장기적인 목표를 마음에 담고서 다음의 질문에 답해보는 것이다. '내가 1년 안에 이룰 수 있는 것은 무엇일까?' 이 질문에 대한 대답이 2개년, 혹은 5개년 계획 중 1년 동안 할 일이 되는 것이다.

계획을 실천할 수 있으려면 예상할 수 있는 장애물과 그것들을 극복하는 방법에 대해서도 가능한 한 구체적으로 기록해야 한다.

한편, 6개월이나 2~3개월에 해낼 수 있는 일을 1년 동안 하도록 계획을 세워서도 안 된다.

첫 주에 해야 할 일

첫 주가 끝날 때쯤 목표의 첫 단계를 수행하도록 한다. 전화를 거는 것이든, 약속을 잡는 것이든, 상사와 커리어에 대한 대화를 나누는 것이든. 그것이 무엇이든 간에 행동을 하기 시작하면 사명감은 더 강해질 것이고, 아이디어와 하위 목표들이 더 생겨날 것이다. 목표를 하나씩 실천해 나갈 때마다 스스로를 축하해주도록 하라. 그렇게 행동과 좋은 기분을 연관 짓다 보면 심리적으로 도움이 될 것이다.

매주 해야 할 일

매주 자신의 계획을 점검하라. 매일 일상적으로 해야 하는 세탁, 점심식사, 회사 업무 같은 일들이 너무 많은 시간을 잡아먹는 바람에 계획을 며칠씩 잊고 지낼 수도 있는데, 잘못하면 그 며칠이 몇 달이 될 수도 있다. 그런 상황을 피하려면 매주 계획을 점검해야 한다.

매달 해야 할 일

목표를 달성하기 위해 세운 계획에는 매달 달성해야 할 과업들이 들어있어야 한다. 그리고 앞서 했던 일을 점검할 필요도 있고, 다음 목표를 미리 준비할 필요도 있다. 확인하라. '내가 잘하고 있는 걸까? 이번 달에 해야 할 일을 잘 해냈나? 잊은 것은 없나? 더 추가해야할 단계는 없을까? 다음 달에는 목표를 조금 조정해야할까?

나만 아는 직장생활 꿀 팁

분기마다 해야 할 일

1개년 계획의 1/4분기가 끝날 때쯤에는 가시적인 성과가 있어야 한다. 잠깐 멈춰 서서 지금까지 이룬 것을 확인하고 스스로를 칭찬한 후에 계속해서 나아가자. 필요하다면 이 시점에서 새로운 중간단계와 하위목표를 설정해도 좋다.

6개월이 지나고 해야 할 일

6개월이 지나면 평가를 해야 할 시점이다. 목표까지 절반정도는 다가왔는가? 그렇지 못하다면 앞으로 6개월간 달성해야 할 하위목표들을 조정할 필요가 있다. 1년으로 계획을 세웠지만 실제로는 14개월이 걸리는 일일 수도 있기 때문이다. 그렇다고 너무 초조해할 필요는 없다. 6개월 전에는 아무것도 시작조차 하지 않았지만, 지금은 2개월이 늦었을 뿐이다. 안달할 필요도 없다. 지금 중요한 것은 목표를 이루어가고 있다는 사실이다. 그 기분을 즐겨라.

1년이 지나고

원했던 것을 얻었는가? 기분은 어떤가? 다음 1년 동안 성취할 목표를 세울 준비는 되었는가?

나만 아는 직장생활 꿀 팁

다시 목표를 찾자

자신이 세운 목표가 자신의 통제를 벗어나면 낙담하게 된다. 과연 그럴 필요가 있을까? 이유가 무엇이든 다시 목표를 달성하기 위해 노력하는 것이 중요하다.

실제로 많은 것들이 우리가 세운 목표 달성을 가로막는다. 장애물을 만났는데 그 해결책을 찾지 못하여 주저앉는 경우도 있다. 예를 들어 몸이 아프다거나, 예상치 못했던 문제가 생긴다거나, 혹은 가정에 문제가 생긴다거나, 여러 장애물이 있을 수 있다. 때로는 생활자체가 목표 달성을 막을 수도 있다.

목표를 놓치게 만드는 최악의 이유는 사실 사소한 것들이다. 어느 날 갑자기 목표 달성을 위한 노력을 하기 싫어졌는데, 그 하루가 며칠로 이어지는 것이다. 그 상황이 길어지면 몇 달, 몇 년이 된다. 그러면 아무것도 해낼 수 없게 될 뿐 아니라 죄책감까지 느끼게 된다. 심하게는 자신을 실패자로 느껴 목표에 대해서 아예 생각조차 하기 싫어질 수도 있다.

 무슨 극적이고 대단한 이유 때문이 아니라, 그렇게 잠시 방심함으로써 목표를 놓치게 되는 것이다. 무슨 이유 때문이든, 중요한 것은 다시 목표를 달성하기 위한 노력을 시작해야 한다는 것이다. 목표를 달성하고자 다시 노력하게 되는 것도 역시 마찬가지 과정을 거친다. 어떤 극적이고 대단한 일을 시작하는 것이 아니라, 작은 일부터 다시 시작하면 된다.

후퇴해도 기죽지 말자

목표를 향해 나아가는 과정에서는 여러 가지 일들이 생길 수 있다. 그 일들 때문에 뒤로 후퇴하게 될 수도 있다. 그렇다고 기죽을 필요는 없다. 무슨 일이 일어나든 그것을 유용한 정보로 여기고, 그 정보에 맞춰서 목표를 조정하고 계속해서 나아가면 된다.

정체상태를 잘 극복하자

후퇴보다 더 나쁜 것은 정체상태밖에 없다. 정체상태는 스스로 자초하는 경우도 있고, 외부환경에 의해 생겨날 수도 있다. 그래도 이 시기를 잘 넘겨야 계획에 차질 없이 성공할 수 있다.

열심히 노력해서 마감기한 전에 하위목표를 달성했다고 가정해 보자. 당신의 내부에서 작은 악마의 목소리가 이렇게 속삭일지 모른다. '지난주엔 목표를 빨리 달성했으니까 이번 주에는 좀 쉬엄쉬엄 하자.' 그러다보면 자기도 모르는 사이에 한 달이 지나버릴 수도 있다. 그런 경우, 자신이 일을 게을리 하고 있음을 깨닫고, 즉시 계획을 수행하려는 노력에 다시 착수해야 한다.

때로 자신이 제어할 수 없는 환경 때문에 정체상태가 생기기도 한다. 예를 들어 이야기를 나누고 조언을 얻어야 하는 사람이 휴가 중일 수 있다. 그런 상황이 생겼을 때, 노력을 멈추고 정체상태를 이어가느냐, 계속해서 계획을 수행하느냐에 따라서 결과는 달라진다. 그처럼 외부의 요인으로 인해 어쩔 수 없는 상황이 발생했을 때는 가만히 앉아서 기다리지 말고, 하위목표 가운데 하나를 골라서 달성하도록 하자.

정체상태의 원인을 찾자

정체상태가 오래 계속되었다면 목표를 향한 노력을 재개하기 전에 어디서 멈추었는지 알아내야 한다. 예컨대 목표를 달성하기 위해 필요한 수업을 듣고 있었는데, 그 수업이 너무 어려워서 따라가지 못했을 수도 있다. 그래서 한 학기도 제대로 수업을 이수하지 못하고 다음 학기는 등록조차 못했을 수도 있다.

어디서 멈추었으며, 왜 멈추었는지를 알아야 한다. 이 두 가지는 모두 중요하다. 그래야만 같은 실수를 반복하지 않을 수 있다. 위와 같은 예의 경우, 같은 수업을 다시 등록하여 똑같은 실수를 반복하기 전에 자기 자신과 솔직한 대화를 나눌 필요가 있다. 그 수업이 너무 많은 시간을 차지하지 않았는지? 수업 준비를 제대로 못하지 않았는지? 아니면 그 수업이 별로 재미가 없었던 것은 아닌지?

장애물 극복 방법을 찾자

목표가 진척되지 않고 제자리에 머물러 있다면, 자신을 가로막고 있는 장애물을 극복하는 방법을 찾아야 한다. 포기했던 수업을 다시 들어야 한다면, 개인교습을 받는 방법을 알아보거나 그 수업을 듣기 위해 필요한 것이 무엇인지 알아본다. 좀 더 흥미로운 수업으로 바꿔 들어도 된다면 그렇게 하는 것도 좋다. 재미있는 일을 하는 것이 재미없는 일을 하는 것보다는 항상 더 쉬운 법이니까.

자신에게 맞는 목표를 찾자

좀 더 중요한 이유 때문에 목표를 향한 노력을 멈추었을 수도 있다. 예를 들어 회계학 학위를 받기 위해 수업을 듣고 있었는데, 회계학이 적성에 맞지 않는다는 사실을 깨달았을 수도 있다. 심리학이나 마케팅에 더 관심이 갈 수도 있다. 그런 자신에게 실망을 느낄 수도 있다. 하지만 실망하는 대신 흥미를 느끼는 것이 무엇인지 제대로 알게 되었다는 사실에 기뻐해야 한다. 조금 시간이 걸렸더라도 자신에게 더 맞는 목표를 찾는 것이 낫다. 아무 의미도 없는데 끝을 보는 것 보다는.

여기서 중요한 경고 하나. 시작만 하고 끝을 내지 못하는 습관을 들이다 보면 심각한 문제에 봉착할 수 있다. 그런 문제는 상담을 받아야만 해결될지도 모른다.

방향을 잘 잡자

목표를 향해 나아가다가 멈추었더라도, 어느 지점에서 왜 멈추었는지를 알았다면 그야말로 행운이다. 그 두 가지 사실은 무척 중요하다. 두 가지 사실을 명심하고 가던 방향으로 계속해서 가든지, 새로운 방향으로 가든지 결정해야 한다. 그리고 이번에는 첫발을 더욱 잘 내디뎌야 한다.

선배들의 조언을 받자

당신이 알고 싶은 것에 대해 경험이 많은 사람을 찾아서 현실적인 조언을 받을 필요가 있다. 예컨대 시나리오 작가가 되고 싶다면 시나리오 작가를 만나서 대화를 나누는 것이 큰 도움이 된다. 시나리오 작가와 이야기를 나눈 후에야, 시나리오 작가들 중에 히트작이나 화제작을 쓰는 사람은 몇 안 된다는 사실을 알게 될 수도 있다. 실제로 대부분의 시나리오 작가들은 다른 일을 하면서 생계를 유지하고, 얼마 안 되는 여가 시간을 이용해서 시나리오를 쓴다. 어쩌다 시나리오가 채택되어 영화화될 수도 있지만, 그렇지 못한 경우가 더 많다. 또 영화화 되더라도 영화가 만들어지고 난 후 자신이 시나리오를 쓴 영화인지 알아보지 못할 정도로 내용이 바뀌어 있을 수도 있다.

현실을 제대로 인식하라는 것은 당신의 기를 죽이고 자신감을 없애기 위해서가 아니다. 환상이 아닌 현실을 제대로 알고 목표를 세울 수 있도록 하기 위해서이니 오해는 말기 바란다.

할 일을 적고 점검하자

예전의 당신은 아무 일도 하지 않던 사람이었을 수도 있다. 이제 그런 나쁜 습관을 무엇이든 하려는 좋은 습관으로 바꾸자. 그렇게 할 수 있는 한 가지 방법은 다이어리에 날짜별로 해야 할 일을 적어서 늘 가방이나 주머니에 넣고 다니는 것이다. 목표를 달성하기 위해 필요한 행동은 아무리 작은 것이라도 매일 하고, 그것을 다이어리에 기록하는 습관을 들여야 한다. 다이어리를 자주 들여다보고 앞뒤로 넘겨보기도 하면서 자신이 잘 하고 있는지 점검하고, 바꿔야하는 것은 없는지 판단한다. 발생할 수 있는 문제는 없는지 예상하고 문제가 있다면 그 문제를 피해갈 수 있도록 한다.

다이어리는 당신이 목표를 달성하기 위해 어떻게 노력하고 있는지를 알려주고, 지금 하고 있는 과제는 언제 끝내야 하는지를 알려준다. 또 다이어리에 적힌 날짜를 보면 목표를 달성하기까지 날짜가 얼마나 남았는지도 쉽게 알 수 있을 것이다.

갈등을 정당하게 이용하라

갈등은 어느 곳에나 있다. 우리 삶에 갈등이 늘 존재하듯 직장에도 늘 존재한다. 그래서 그 갈등을 정당하게 잘 이용하는 방법을 배워야 한다.

사람들은 갈등을 너무 싫어한다. 그래서 아주 사소한 갈등까지 피하려 든다. 그런 태도는 잘못된 것일까?

갈등을 피하려는 사람들은 여기저기서 다른 사람들의 발에 채이고 걸린다. 그들은 이 세상이라는 현관 앞에 깔린 매트 같은 존재들이다. 그들은 갈등이 생길까 두려워 자신의 생각을 드러내거나 변호하지 않는다. 결과적으로 그들의 생각은 버려지거나 축소된다.

물론 갈등을 아주 좋아하는 사람들도 있다. 그들은 갈등을 싫어하는 사람을 알아보고 그 사람들을 밟고 일어선다.

다음과 같이 가정해 보자. 당신은 당신을 무시하는 사람에게 대꾸해줄 수많은 말들을 생각해낼 수 있다. 그런데 불행히도 그런 말들은 상대방에게 무시를 당하고 몇 시간이 지난 후 잠자리에 들었을 때에야 생각이 나서 당신을 잠 못 들게 한다.

그렇다면 당신은 당신의 분노를 이해하고 이용하는 방법을 배울 필요가 있다. 분노를 무기로 이용하는 것이 아니라, 건설적이고 긍정적인 방식으로 표현될 수 있는 정당한 감정으로 이용하는 방법 말이다. 그 자리에서 발끈하고 성을 내는 것은 분노를 정당하게 이용하는 방법이 아니다. 그런 행동은 자신에게 해가 될 뿐이다.

정당한 분노를 표현하지 않는 것은 자신의 삶에 대해 가질 수 있는 중요한 지배력을 스스로가 포기하는 것과 마찬가지다. 자신을 옹호할 줄 모르는 것이기 때문에. 정당한 분노를 표현하지 못하면 스트레스와 울분만 더 쌓일 뿐이다.

화를 잘 이용하자

우선 '화'에 대해, 화가 어떻게 당신의 앞길을 가로막는지에 대해 이야기해보자. 그러고 나면 화를 잘 이용하는 방법을 배울 수 있을 것이다.

갈등의 단순한 정의부터 이야기를 시작해보자. 당신과 당신의 동료가 어떤 일이나 일을 하는 방식에 대해 의견이 일치하지 않고, 두 사람은 각자의 견해에 대해 정당한 이유를 가지고 있다. 이런 경우 갈등이 존재한다고 할 수 있다.

갈등은 권력다툼이나 자기방어의 성격도 포함하고 있다. 두 사람 중 한 사람이, 혹은 두 사람 모두가 상황을 지배하는 권력을 갖고 싶어 하기 때문이다. 아니면 두 사람 중 한 사람이, 혹은 두 사람 모두가 자신의 입장을 방어해야 한다고 느낄 수도 있다. 약하게 보이거나 틀린 것으로 보이고 싶지 않기 때문에.

하지만 갈등은 단순하게 생각해야 한다. 갈등의 기초를 기억하자. '갈등은 의견의 불일치다.' 당신의 오랜 짐, 오랜 분노를 탁자 위에 다시 꺼내놓을 때 갈등은 문제가 된다. 그럴 때 당신은 자신의 입장을 고수하면서 현실적인 상황과 맞지 않게 완고한 태도를 취하게 된다. 아니면 정반대로 상대방이 당신을 쓰러뜨리게 놔두고는 속았다고 화를 내고, 심지어는 자신을 한없이 무기력한 존재로 느낀다.

'화'의 정체를 가려내자

당신이 지니고 있는 '오래된' 화의 정체를 우선 가려내야 한다. 그것은 당신이 몇 년 동안 겉으로 표현하지 못한 채 지녀온 것이다. 그 화는 당신을 서서히 파괴시켜왔고, 스스로를 무기력한 존재로 느끼게 해왔다. 그러던 어느 날 누군가가 당신에게 옳지 않은 이야기를 하자 당신은 숨겨왔던 화를 한꺼번에 표출한다. 당신이 내뿜는 화가 그 상황에 어울리지 않게 극단적일 때, 당신은 오래된 화를 터뜨리고 있는 것이다.

어떤 직장에나 짜증나는 습관과 스타일을 가진 사람들이 있기 마련이다. 그리고 기본적으로는 좋은 사람들이라 하더라도 업무조건이 좋지 않거나, 업무량이 너무 많거나, 스트레스가 심하게 쌓였다면 다른 사람의 신경을 건드릴 수 있다.

힘이 없으면 지배력이 부족하다

힘이 없을수록 좌절감은 높다. 그리고 만일 당신이 지원 업무를 맡고 있다면 좌절감은 훨씬 더 커질 수도 있다. 다른 부서나 다른 사람을 지원해주는 업무를 한다면 힘이나 지배력은 더욱 적을 것이기 때문에.

최근에 나는 런던대학교에서 발표한 연구결과를 읽었다. 그 결과를 들으면 누구든 '내가 가질 수 있는 지배력은 반드시 가져야겠다.'는 자극을 느끼게 될 것이다. 그 연구에서는 7천 명이 넘는 사람들을 대상으로 조사를 했는데, 점원이나 지원부서의 직원처럼 비교적 낮은 지위에서 일하는 사람들이 관리자들에 비해서 심장병에 걸릴 위험이 50퍼센트나 높은 것으로 나왔다. 식습관이나 흡연 여부 등 다른 위험요소들 외에 낮은 지위에서 일하는 사람들이 지닌 유일한 위험 요소는 일에 대한 지배력이 부족하다는 사실이었다.

어떻게 하면 부족한 지배력과 무기력감을 이겨낼 수 있을까? 직장생활의 서글픈 현실 중 하나는,

자신이 시스템이나 상사에 의해 지배받는다고 느낄 때 사람들은 자신의 주변에 있는 사람들을 공격하는 경향이 있다는 것이다. 주변 사람들에게 책임이 있든 없든.

인간관계가 직장생활을 위협할 수 있다

다른 사람들에 대해 당신이 어떻게 느끼는가가 새로운 일을 할 능력을 위협하는 지경에까지 이를 수도 있다. 그러면 직장생활을 오래 하기 힘들다. 짧은 기간에 직장을 몇 번 그만둔 뒤에 새로운 회사에 입사지원서를 내면 그 회사에서는 당신을 좋지 않게 볼 수도 있다. 매번 누군가가 당신을 괴롭혀서 회사를 그만두었다고 말할 수는 없지 않은가? 하지만 다른 변명을 대기도 쉽지 않을 것이다.

내면을 들여다보라

문제가 생겼을 때는 자신의 내면을 들여다보고 문제의 원인을 찾아봐야 한다.

사람들은 스스로를 불행하게 느끼거나 좌절을 느낄 때 특정한 어떤 사람을 자신이 느끼는 좌절감에 대한 속죄양으로 삼는 경향이 있다. 그런 사람을 찾아내는 것은 어렵지 않다. 책상에서 고개를 들어 주위를 바라보면 화풀이할 사람이 서너 명은 눈에 띌 것이다.

이런 문제는 당신이 어디에서 일하든 간에 계속해서 발생한다. 함께 일하는 사람들은 변하더라도 속죄양의 역할을 할 사람은 여전히 필요하다. 당신이 직면하고 있는 골치 아픈 문제들을 다른 누군가의 책임으로 돌릴 필요가 있는 것이다. 하지만 이런 태도는 옳지 않다.

화는 건강한 방법으로 풀자

 업무에서 생긴 좌절감은 건강한 방법으로 풀어야 한다. 누군가가 혹은 무언가가 당신을 몹시 화나게 한다면 그 자리에서 바로 해결해야 한다. 우선 자신이 화가 났다는 사실을 인정할 필요가 있다. 그렇다고 커피 잔을 집어던지라는 뜻은 아니다. 스스로에게 '난 지금 화가 났어.'라고 말하라는 뜻이다.

 화가 나고 시간이 지나서 당신을 화나게 만든 사람에게 화났다고 말할 기회를 잃어버리더라도 언젠가는 그 화를 배출할 필요가 있다. 화가 너무 나지만 그 화를 어떻게 할 방법이 없다면 칼로리를 소비하면서 화를 푸는 편이 낫다. 샌드백을 두드리거나 테니스공을 세게 치면서 당신을 화나게 한 사람의 얼굴을 떠올려라. 그럼 운동을 끝낼 때쯤 당신은 깨끗이 정화된 느낌이 들 것이고, 남이 당신을 화나게 만들도록 내버려두었던 것이 어리석었다고 느껴질 것이다. 어느 쪽이든 간에 전보다 기분은 한결 나아질 것이다.

화를 쌓지 말자

화를 쌓아두어서 분노가 서서히 타오르게 만드는 것이 많은 사람이 화를 다루는 방법이다. 그들은 화가 나면 일단 그 화를 묻어둔다. 하지만 그 화는 사그라지지 않고 남는다. 서서히 타오르는 분노는 직장을 오염시키는 가장 파괴적인 감정이다. 그 감정은 당신의 태도와 사람들과의 관계를 모두 타락시킨다.

이렇게 말하는 사람이 많을 것이다. '화요? 저는 화 안 내요.' 미안하지만 난 그런 말 믿지 않는다. 세상에 화를 돋우는 일들이 너무나 많은데 화를 안 낼 수가 있는가?

서서히 타오르는 분노가 시작되는 방식을 한 가지만 보자. 누군가가 당신이 듣기 싫어하는 말을 한다. 예를 들어 당신의 능력에 관해서 농담처럼 비난을 하는 것이다. 그 말이 농담이든 아니든 당신에게는 모욕적으로 들린다.

하지만 당신은 그 말에 대해 반응하지 않는다. 타이밍이 좋지 않아서 반응하지 못할 수도 있다.

아니면 퇴근하고 집에 오는 길에서야 그 말이 갑자기 떠오르면서 화가 날 수도 있다. '뭐야! 아까 그 말은 대체 무슨 뜻이야?'

어쩌면 당신은 자신이 화가 났다는 사실을 느끼지 못할 수도 있다. 그렇지만 뭔지 모르게 불편한 기분은 남아있을 것이다. 그리고 다음에 그 사람을 만나면 전보다 더 방어적으로 대할 것이다. 왜 그런지 이유조차 알지 못한 채 말이다.

본인이 화가 났다는 사실을 인정하지 못한 채 불쾌한 기분을 가지고 행동하다 보면 당신은 신경이 예민해질 것이고 부루퉁한 태도로 생활하게 될 것이다. 그리고 그런 당신의 태도는 당연히 다른 사람들이 당신을 대하는 태도에 영향을 미치게 될 것이다. 사람들은 당신을 접근하기 힘든 사람이라고 생각할 것이고, 당신을 피하기 시작할 것이다. 이것이 바로 서서히 타오르는 분노의 실체이다.

화가 났음을 인정하자

서서히 타오르는 분노가 시작되기 전에 막는 방법은 간단하다. 화가 나거나 상처를 받거나 모욕을 당했을 때, 곧바로 그 기분을 표현하는 것이다. 우선 자신이 화가 났다고 스스로에게 말한다. 그 감정에 대해 어떤 행동을 하기 전에 그런 감정이 생긴 것을 인정하는 것이다. 흔히 우리는 두려운 마음에, 혹은 피하고 싶은 마음에, 자신의 마음속에서 부정적인 감정을 느끼기를 싫어하는 경향이 있다.

사람들이 부정적인 감정을 가지고 행하는 또 다른 파괴적인 행동은, 그런 감정을 일으킨 장본인이 아닌 다른 사람들에게 표출하는 것이다. 예컨대 화가 났던 일을 친구에게 털어놓는 것인데, 친구는 당신을 위로하려 하지만 진정으로 화를 풀어주지는 못한다. 당신 자신만이 화를 풀 수 있다. 당신을 화나게 한 일에 대해 다른 사람의 견해를 들어보는 것은 문제될 것이 없다. 단 그 전에 그런 고민이 생긴 원천이 무엇인지 알아야 한다.

적절한 상황에서 당신을 화나게 만든 사람에게 당신이 화가 났다는 사실을 이야기해야 한다. 잠깐 단 둘이서 얘기를 좀 하자고 말한 후, 솔직하게 얘기하자. '당신에게 필요한 서류를 내가 항상 잃어버린다고 했죠. 그 얘기 듣고 기분이 나빴어요. 그건 사실이 아니니까요. 하지만 그런 문제가 있다고 생각한다면, 지금 얘기를 해서 해결해보자구요.'

상대방이 당신이 화가 났음을 인정하고 사과를 해온다면 더 바랄 것이 없다. 하지만 대부분의 사람들은 갈등이 있었다는 사실을 인정하고 싶어 하지 않는다. 따라서 상대는 자신이 당신을 화나게 했음을 인정하지 않을 것이다. 그런 반응을 미리 예상하고 그런 반응을 접하더라도 뒤로 물러서지 말아야 한다. 그것은 일종의 마인드 게임이다. 당사자들은 게임을 하고 있다는 사실조차 깨닫지 못할지라도. 당신은 자신이 화가 났음을 알고 있다. 얼굴은 붉어졌을 것이고, 숨도 거칠어졌을지도 모른다. 다른 사람이 인정하지 않는다고 해서 당신이 화가 나지 않은 것은 아니다. 잊지 말자.

아마도 상대방은 상황을 가볍게 넘기려하거나 문제가 있다는 사실을 부인하려 들 것이다. '저는 그냥 농담으로 얘기한 거예요. 농담도 못해요?' 그 말에 길게 대응하지 말고 문제를 해결하는 데만 집중한다. 이렇게 말하자. '앞으로는 서류를 다 보고나면 원래 있던 자리로 분명히 갖다 놓겠어요.' 대화는 긍정적인 분위기로 끝내도록 한다. 당신이 문제를 먼저 들췄지만 문제를 해결하기 위해서 또 최선을 다하는 것이다.

운이 좋다면 당신은 상대방과 솔직한 이야기를 나눌 수 있을 것이고, 대화를 시작할 때보다 기분이 좋아진 상태로 대화를 끝낼 수 있을 것이다. 하지만 문제가 해결되지 않을 수도 있다. 그렇다고 해서 그 대화가 전혀 의미가 없는 것은 아니다. 자신의 속마음을 털어놓음으로써 사태를 좀 더 명료하게 볼 수 있기 때문이다.

화를 쌓아서 분노를 만들지 말자

아마도 당신은 예전에 무시를 당했다고 느꼈던 그때에 처음 화가 났을 것이다. 그때 당신을 화나게 한 사람은 당신이 지금 이야기를 나누고 있는 사람일수도 있고 다른 사람일수도 있다. 그런 당신의 오래된 화가 현재의 화와 함께 폭발하는 것이다. 하지만 지금 화를 표출함으로써 당신은 중요한 단계를 밟기 시작하는 것이다. 화가 났을 때 그 자리에서 화를 표현한다면 오래된 화를 줄여갈 수 있다.

이제는 화를 옆으로 치워놓고 계속해서 높이 쌓이게 하지 말자. 그러면 당신을 화나게 한 사람과의 담판이 기대했던 것만큼 완벽하게 마무리되지 않을지라도 앞으로는 화가 덜 날 것이고, 다음에 발생할 갈등 상황에서는 좀 더 명료한 눈으로 상황을 볼 수 있게 될 것이다.

문제는 그날 해결하자

 문제를 해결하지 않은 채 그날 하루가 지나가게 하지 마라. 지금 이야기하지 않으면 당신은 밤새도록 그 문제 때문에 잠 못 이루고 뒤척이며 문제를 키우게 될 것이다. 그렇게 밤을 새우고 나서 아침이 되면 당신은 마음의 균형을 잃게 될 것이다.

오래된 화는 풀어버리자

서서히 타오르는 분노를 다스리는 데 있어 문제가 되는 또 한 가지는 작은 사건 때문에 어떤 사람을 악한 사람으로 만드는 것이다. 그리고 당신이 차갑게 대하는 이유를 알지 못하는 그 사람과 불쾌한 관계를 시작하게 되는 것이다. 그러므로 오래된 화를 지니고 있다면 지금이 그 화를 풀어버릴 때이다. 몇 달, 몇 년이 지났는데도 아직 어떤 문제에 대해 골똘히 생각하고 있다면, 이제는 그 문제를 용서하고, 잊고, 앞으로 나아가야 한다. 그 일들은 모두 지나간 일이다.

나만 아는 직장생활 꿀 팁

상징적인 행동으로 분노를 끝장내자

때로는 상황이 너무나 오랫동안 계속되어왔기 때문에, 맨 처음 화가 나게 만들었던 일이 무엇인지 기억할 수도 없는 경우가 있다. 그런 경우 당신은 기억조차 할 수 없게 되어버린 일에 매달리고 있는 것이 감정과 에너지를 얼마나 낭비하는 일인지 생각해봐야 한다.

그리고 나서 서서히 타올랐던 분노를 다른 어떤 방법으로도 해결할 수가 없다면, 그 분노를 끝내 버릴 상징적인 행동을 해야 한다. 고민거리들을 종이에 적고 그 종이를 난로 속에 던져 넣어버려라. 그리고 뒤돌아서서 모두 잊고 새롭게 시작하라.

분노를 좋은 에너지원으로 삼자

상사 때문에, 상사는 아니더라도 자신보다 힘 있는 누군가 때문에 화가 났다면, 직장생활을 계속하기 위해서, 그 화를 그냥 삼켜버리고 말 것이다. 우리들 대부분은 우리가 화났다는 사실을 누군가에게 바로 표현하지 못한다. 그래서 보통 그 화를 비생산적인 방식으로 돌려버린다. 예를 들어 퉁명스럽게 말을 한다거나, 일을 적당히 한다거나 하는 식으로. 하지만 일을 하는데 분노가 긍정적인 힘을 가질 수 있다는 사실을 아는 사람이 몇이나 있을까? 분노가 당신에게 도움이 되도록 만들 수 있는 방법들은 분명 있다.

화날 때는 화내자

　화가 났을 때 화가 나지 않았다고 스스로를 설득하면, 그 화는 잠시 뒤로 밀려날 뿐, 머지않아 골치 아픈 일을 피할 수 없게 된다. 그러므로 우선 화가 날 때는 화를 내라.

　그리고 나서 다음과 같이 그 화를 분석하라.

　- 이 화를 어떻게 해야 할까?

　- 상대방은 그런 말이나 행동을 할 만한 정당한 이유가 있었는가?

　- 이 문제는 정말로 중요한 문제인가?

나만 아는 직장생활 꿀 팁

분노를 연료로 쓰자

일단 자신이 화가 났다는 사실을 인정하고 나면 당신은 훌륭한 에너지원을 얻게 된다. 잘못된 것을 보고 생겨난 분노를 이용해서 상황을 바로잡을 수 있게 되는 것이다. 부루퉁하고 있는 대신 변화를 만들어내자.

다음과 같이 가정해 보자. 당신이 승진하길 원하던 자리가 있었다. 당신은 용기를 내서 상사에게 그 자리로 가고 싶다고 알렸고, 당신의 능력을 입증할 수 있도록 몇 개의 프로젝트를 열심히 해냈으며, 프레젠테이션도 잘 해냈다. 그럼에도 불구하고 당신은 승진에서 제외되고, 당신의 동료가 그 자리로 승진했다.

당신은 몹시 화가 날 것이다. 화가 났다는 사실을 인정하라. 실망스러울 것이다. 자연스러운 현상이다.

화가 나있는 동안 전투계획을 수립하라. 원하는 것을 어떻게 하면 얻어낼 수 있을까? 당신은 무엇을 잘못했던 것일까? 현재의 직장에서는 당신의 노력과 무관하게 발전을 방해받고 있다고 느낀다면, 이력서를 준비해서 다른 회사로 가라. 에너지가 솟아오를 때마다 스스로에게 이렇게 말하라. '가만히 앉아서 다른 사람이 나보다 앞서가게 놔두지 않을 거야.' 아니면 '나는 더 나은 직장을 찾을 거야.'

싸워야 한다면 이겨라

자신이 정말로 화가 났다는 사실을 인정한 후에는 숨을 깊이 들이쉬고 자신을 화나게 만든 사람과 담판을 지을 필요가 있을 만큼 중요한 일인지 판단하자. 아마도 열 번 중 한 번 정도는 그렇게 할 만한 상황일 것이다. 나머지 아홉 번의 경우에는 담판을 하는 대신 라켓볼이라도 한판 쳐서 칼로리를 소비해버려라.

언제 싸워야 할 것인지를 현명하게 선택하는 것이 중요하다. 자신을 화나게 하는 모든 일에 대해 싸움을 걸 수도 있다. 그러면 당신은 사무실 안에서 엄청난 다혈질로 인정받게 될 것이다. 그렇게 해서 얻는 것은 없다. 그렇게 되면 사람들은 당신이 소리를 치기 시작하면 다들 자리를 피할 것이다.

그렇게 무모하게 행동하는 대신, 현재 사무실의 정치 현황에서 싸움에서 이길 가능성은 얼마나 될지, 그리고 싸움에서 이긴다면 적을 만들게 되지는 않을지 생각해보라. 너무 냉정한 얘기처럼 들리겠지만 사실이 그렇다. 화를 조절하는 데 현실을 인식하는 것만큼 도움이 되는 것은 없다.

일이라는 것은 관계를 맺고 동맹관계를 만들어나가는 것이지 사람들과의 관계를 소원하게 만드는 것이 아니다. 당신의 화가 누군가와의 사이를 멀게 만들 것 같다면, 그 싸움은 그럴 만한 가치가 있는 것이어야 한다. 적어도 그 싸움에서는 이겨야 한다.

냉정하게 판단하자

 가끔은 상사나 동료들 앞에서 당신을 시험하기 위해서, 혹은 당신을 당황시키기 위해 일부러 당신을 화나게 만드는 사람이 있을 수 있다. 그런 경우 이 책에서 제시하는 프로그램을 그대로 따르면 된다. 우선 자신이 화났다는 사실을 인정하고, 그 다음에는 그 화를 어떻게 다룰지 결정한다. 냉정하고 이성적인 머리로 생각을 하면 당신은 상대방을 제압하고 이길 수 있다. 하지만 분노가 당신을 지배하게 놔둔다면 당신은 어리석게 행동하게 될 것이다. 그럴 땐 냉정을 유지하면서 이렇게 말하자. '그래봤자 소용없어요. 난 화 안 났다고요. 그러지 말고 일들이나 하자고요.'

화낼 타이밍을 잡자

언제 화를 표출해야 할지 신중하게 선택한다면 당신은 사람들의 주의를 끌 수 있다. 당신은 지금까지 자제력이 대단하다는 명성을 얻어왔기 때문에 그런 당신이 화를 내면 사람들은 놀랄 수밖에 없다. 할 말만 하고 그 이상은 하지 말도록.

화는 효과적으로 내자

직장에서 화를 다루는 방법에 따라 화는 당신을 파괴시킬 수도 있고, 동료들과의 관계를 돈독하게 해주는 강력한 수단이 될 수도 있다. 당신은 두 가지 경우 중 하나에 가까울 수 있고, 그 중간쯤에 위치하게 될 수도 있다.

한 가지는 화를 참고 참다보니 분노가 엄청나게 쌓이지만, 당신은 입 밖으로 표현하지 않는다. 그렇기 때문에 당신의 동료들은 당신에게는 아무렇게나 해도 된다고 생각한다. 당신이 속으로만 생각하고 표현을 하지 않으면 남들이 당신의 기분이 어떤지 모르는 것이 당연하지 않은가?

또 하나 극단적인 경우로, 당신은 사소한 일에도 발끈하면 화를 낼 수 있다. 그러면 당신은 충동적이며 자제력이 없는 사람이라는 오명을 얻게 된다. 그리고 곧 사람들은 당신이 화를 내도 무시하게 된다. 당신이 화를 워낙 자주 내기 때문에. 더 심해지면 사람들은 당신을 피할 수도 있고, 당신과 함께 일하지 않으려 할 수도 있다.

화는 합리적인 방식으로 내자

화를 관리하는 열쇠는 화를 언제 어떻게 표현하느냐를 조절하는 것이다. 화를 참을 필요는 없다. 화를 건강한 방법으로 돌려야한다. 화를 이용하여 문제를 해결하는 방법을 배워야 한다.

논리적으로 생각해 보자. 당신을 화나게 하는 것이 무엇인지 상대방에게 이야기하지 않는다면, 상대방은 당신의 화를 풀어주기는커녕 당신이 화가 났다는 사실조차 알 수 없다. 따라서 합리적인 방식으로 화를 표현하는 것이 문제를 해결하는 첫 번째 단계이다. 그렇지 않으면 아무것도 달라질 게 없고, 당신은 점점 더 의기소침해질 것이다.

뿐만 아니라 상대방에게 당신이 화가 났다는 사실을 얘기하지 않으면 그 문제는 당신 혼자 해결해야 한다. 그러나 많은 경우 그런 문제는 혼자 해결할 수 없다. 당신을 화나게 한 사람과 함께 해결해야 한다.

화나게 한 당사자와 얘기하자

　화가 났을 때는 당신을 화나게 만든 장본인에게 당신이 화가 났음을 알려야 한다. 그러나 당신은 사무실에 있는 모든 사람들에게 화가 나서 미칠 것 같다고 얘기하면서도, 정작 당사자에게는 십중 팔구 말하지 않는다. 하지만 그런 행동은 모두의 시간을 낭비하는 일이다. 당신은 사람들에게 당신이 화가 난 사연을 강조하고 과장하기도 하며 이야기하겠지만, 그들이 당신의 화를 풀어줄 수는 없다. 당신을 화나게 한 당사자와 담판을 지어야만 당신의 화는 풀린다.

　그러나 당신은 아마도 두려워서 그렇게 하지 못할 것이다.

그날 안에 화가 났다고 말하자

당신은 어쩌면 화가 가라앉을 때까지 기다리자고 생각할지 모른다. 그러다보면 일주일, 혹은 일 년이 지나서도 화를 겉으로 표현할 기회를 못 찾을 것이다. 분노로 심장이 두근거리면 숫자를 백까지 세면서 흥분을 가라앉혀라. 그리고 자제력을 되찾은 다음 당신을 화나게 한 사람에게 이렇게 말하라. '얘기 좀 합시다.' 그리고 그날이 지나가기 전에 당신을 화나게 만든 사람과 일대일로 만나서 얘기를 하자.

기본규칙을 지키면서 화내자

다음은 문제를 해결하기 위한 방편으로서 당신을 화나게 한 사람에게 화를 표현하는 기본적인 규칙들이다.

- 문제가 무엇인지 말한다. 가능한 한 명확하게 표현한다. 다른 것들은 이야기하지 말고 당장 풀어야 하는 문제에 대해서만 이야기한다.

- 옛날 얘기는 꺼내지 않는다. 예전에 미처 해결하지 못한 문제들이 마음속에 남아있겠지만 지나간 일은 덮어두고 지금 당장 문제가 되는 것에만 집중한다.

- 사무적으로 이야기한다. 업무와 관련한 문제에 대해서만 이야기한다. 비난을 하거나 개인적인 공격을 하지 않는다.

- 화를 내기 전에 한 번 더 생각한다. 당신이 한 말이 상대방에게 미칠 영향을 생각한다. 앞뒤 가리지 않고 화를 쏟아내면 기분이 좋아질지는 모른다. 하지만 문제를 해결하는 데는 도움이 되지 않는다. 그런 이야기들은 체육관에서, 혹은 집에 가

는 차 안에서 푼다.

- 상대방에게 어떻게 들릴지 신중하게 생각해서 말한다.

- 혼자서 일방적으로 이야기하지 않는다. 당신이 뭐라고 말을 했으면 상대방의 대답을 기다리고, 상대의 말을 귀 기울여 듣는다. 상대방도 덩달아 화를 낼 수 있음을 기억하고 마음의 준비를 한다. 만일 상대방이 화가 나거나 놀라서 아무 말 하지 않더라도 어떻게든 대화를 이어가도록 한다.

- 마음을 열고 대화한다. 상대방이 자신의 입장을 설명할 기회를 줘야 한다.

- 해결책을 함께 찾아본다. '다음에도 비슷한 일이 생기면 어떻게 할까요?'라고 말하면서 함께 해결책을 찾을 수 있도록 유도한다.

- 가능한 한 합의를 이끌어낸 후에 대화를 끝낸다.

싸워서 원하는 것을 얻자

화를 관리하는 기술을 연습함으로써 갈등상황에서 자신의 생각을 지지하는 기본적인 방법을 익혔다. 그래서 이제는 자신을 방어하면서 싸우는 방법을 알았다. 다음으로 배울 것은 싸워서 자신이 원하는 것을 얻어내는 방법이다.

가장 놀랍고 값진 가르침은 아무것도 당신에게 그냥 주어지지 않는다는 사실이다. 이런 사실을 사람들은 조금씩 다른 말로 표현한다. '모든 것은 싸워서 얻어내야 한다.'고 말하는 사람도 있고, '공짜로 주어지는 것은 없다.'고 말하는 사람도 있다.

이 교훈의 결과는 우리를 더욱 약 오르게 만든다. 싸워서 이기고 난 후에도 당신은 똑 같은 것 때문에 또 싸우고 있는 자신을 발견하게 될 때 그렇다. 당신이 이미 싸워서 이긴 사람이라는 사실을 모르는 사람과 싸울 수도 있고, 더 나쁘게는 똑같은 사람과 똑같은 문제 때문에 계속해서 싸울 수도 있다.

규칙은 변한다는 것을 인정하자

예를 들어 당신이 지난 5년간 해마다 5퍼센트씩 연봉을 인상 받아왔다고 가정해보자. 그런데 새로운 관리자가 부임해 오더니 올해는 2퍼센트만 인상해주겠다고 한다. 아니면 당신이 믿어오던 것과는 다른 규칙을 따르는 사람이 왔다고 하자. 그리고 당신 것이라고 생각했던 기회를 그 사람이 가져간다고 하자. 이렇게 당신은 변하지 않았지만 규칙이 변하는 경우가 있다.

많은 사람들이 이런 종류의 사건에 놀라는 이유는 우리들 대부분은 연봉 인상, 승진, 노력에 대한 인정 등은 믿을 수 있는 것이라 생각하면서 어른이 되었기 때문이다. 열심히 일하면 알아줄 것이라고 믿었던 것이다.

그런데 지금 여기서 무슨 일이 일어나고 있는 것일까? 저술가이자 의사인 앤드류 웨일이 최근 라디오 인터뷰에서, '우리는 지금 확실성의 시대가 아니라 확률의 시대에 살고 있다'고 말했다. 혹자들은 이런 불확실성이 기업의 혼란, 기업 개편, 규모 축소 등의 부산물이라고 말한다. 아니면 정보화 세계의 급속한 변화의 결과일 수도 있다. 그런 힘들이 불확실한 느낌을 강하게 하는 것은 사실이다. 하지만 그런 것들 때문에 불확실성이 생긴 것은 아니다. 불확실성은 늘 있어왔다.

알아두어야 할 사실이 한 가지 더 있다. 직장 생활을 하다보면 언젠가 자신에게 좋은 일이 생길 거라고 믿는다면, 당신은 분명 실망하게 된다. 좋은 일이 생기기는커녕 당신이 인원감축 대상이 될 수도 있다. 당신은 그 이유도 알 수 없을 테지만.

그런 깨달음에 어떻게 반응하느냐에 따라 당신은 파멸할 수도 있고 구원받을 수도 있다. 나쁜 일이 생겼을 때 어떤 사람들은 그 사실 자체를 부정한다. 어떤 사람들은 증오심을 가득 품고 자신들의 어쩔 수 없는 힘을 탓한다. 두 가지 경우 모두 변화하는 방법을 배우지 못하는 한 그런 운명에서 벗어날 수 없다.

끝까지 싸우자

불확실성의 시대를 살아남은 사람들은 이렇게 말한다. '음, 이제 이렇게 바뀐다는 거지. 앞으로는 쉽지 않겠군. 공정하지도 않을 테고. 그렇다면 나도 전략을 바꿔야지.' 무언가 옳지 않은 일을 도모하라거나 냉소적으로 대응하라는 것이 아니다. 규칙을 따르지 말고 대세를 따르라는 얘기도 아니다. 기본적인 업무 능력을 증가시킴과 동시에 생존전략을 마련하라는 뜻이다. 미래의 일을 예상하는 방법을 배우고 원하는 것을 얻을 때까지 독하게 마음먹고 계속해서 싸우라는 뜻이다. 앤드류웨일이 했던 말을 다시 한 번 생각해 보자. '불확실성의 시대가 아니라 확률의 시대다.' 처음 이 이야기를 들으면 기가 죽을 수도 있다. 하지만 사실이 말이 문제해결의 열쇠다. 지금부터는 확률에 의거하여 모든 상황을 분석할 수 있다.

예컨대 새로 상사가 왔다고 하자. 불확실성을 근거로 생각한다면 당신은 이렇게 말할 것이다. '몇 가지 가능성 중 하나일 거야. 상사들은 모두 각자

의 방식으로 관리를 하기 마련이지. 새로 온 상사는 어떨지 모르겠군.'

이제 당신은 어떤 쪽을 택해야 할지 알고 있다. 확률에 근거한 시나리오를 따라야 한다. 새로 온 상사는 모든 직원을 검토한 후 재배치할 수도 있고, 한두 명을 골라서 자기 사람으로 만들 수도 있다. 그런 가능한 모든 행동에 근거하여 경우에 따라 어떻게 행동해야 할지 예측할 수 있다.

또 다른 예를 보자. 당신은 최근에 승진했다. 그리고 상황을 나아지게 할 계획을 가지고 있다. 하지만 사람들은 반드시 당신이 기대하는 대로 행동하지는 않는다. 거기에는 당신의 부하직원뿐 아니라 당신의 상사들도 포함된다. 당신은 자신이 힘을 갖게 되었다고 생각했는데, 알고 보니 아주 단순한 일을 하려해도 책략을 쓰거나 공모를 해야 한다.

'변화'라는 진실을 인정해야 한다. 그리고 결과를 예상해야 한다. 배운 것을 토대로 행동해야 한다. 그리고 일이 당신 뜻대로 안될 때는 원하는 것을 얻을 때까지 싸워야 한다.

기회 찾기를 제2의 본성으로 만들자

아직은 당신 손에 쥐어진 게 없으므로 계속해서 협상하는 마음으로 임해야 한다. 동료와 나누는 대화가 당신과 동료 모두에게 이익이 될 수 있는 무언가를 거래할 수 있는 기회가 될 수 있다.

처음에는 힘들 수도 있다. 동료가 원하는 것이 무엇인지 알아야 하는데, 그러자면 시간이 걸릴 뿐 아니라 관찰력이 있어야 한다. 하지만 얼마간의 시간이 지나면 기회를 찾는 그런 행동이 당신의 제2의 본성이 될 수 있다.

기본적인 협상 기술을 알자

협상은 갈등을 해결하는 훌륭한 방법이다. 사람들은 협상을 한정된 의미로만 생각하는 경향이 있다. 자동차를 살 때 가격을 협상하거나 하는 것만 협상으로 생각한다.

사실 협상은 매일같이 모든 직장에서 수없이 이루어지고 있다. 당신은 무언가를 원하고 나도 무언가를 원한다. 당신이 원하는 것과 내가 원하는 것은 정반대인 것처럼 보인다. 하지만 협상을 하면 우리는 공통으로 지니고 있는 것을 찾을 수 있고, 둘 다 원하는 것을 얻을 수 있다.

이런 기술은 '나는 그것을 얻을 만한 가치가 있는 사람이다.'라는 기본 전제에서 시작할 때만 효과를 거둘 수 있다. 협상을 하려면 입을 열고 당신의 가치를 언급해야 하기 때문이다.

다음으로 받은 만큼 줄 줄도 알아야 한다. 때로는 훈족의 왕 아틸라처럼 '내가 원하는 것을 내놓아라. 안 그러면 마을을 모두 불태워버리겠다.'는 식으로 협상하는 것이 효과가 있다.

하지만 대부분의 경우 협상은 그보다는 교묘하게 진행해야 한다. '나는 당신이 원하는 것을 가지고 있소. 그런데 당신은 내가 원하는 것을 갖고 있군요. 그렇다면 어떻게 하면 되는지 봅시다.'

협상에 있어 기억해야 할 또 한 가지 사실은 협상은 연봉인상을 요구할 때처럼 특별한 상황에서 하는 것이 아니라는 점이다. 협상은 우리의 생활 자체가 되어야 한다. 우리는 어떻게 서로를 도우며 살 수 있을까? 무언가를 얻기 위해서 어떻게 무언가를 줄까? 그런 태도를 지니지 않으면 당신은 기회들을 잃으며 살아가게 될 것이다.

물론 연봉 인상에 대해서는 상사와 협상해야한다. 동료들과 업무분담에 대해 협상할 수도 있고, 매일 발생하는 갈등이나 문제를 해결하는 데 협상 전술을 이용할 수도 있다.

협상하는 방법에 대해 조언하는 대부분의 사람들은, 협상을 하는 양쪽 모두가 뭔가를 얻었다고 느끼게 하는 것이 중요하다고 한다. 그런 생각이 이상하게 느껴진다면, 당신은 협상의 핵심이 적을 쓰러뜨리고 당신이 원하는 것을 얻은 뒤 그 사람을 밟고 나오는 것이라고 생각하는 것이다.

협상은 그런 것이 아니다. 만일 당신이 그렇게 생각한다면 당신의 협상실력은 형편없을 것이다. 자신을 외교관이라고 생각하면 협상을 훨씬 잘하게 될 것이다. 협상을 전쟁이라고 생각한다면 비록 그 협상에서 이기더라도 새로운 적을 만들게 될 것이다. 적들은 당신을 잊지 않는다. 하지만 친구들도 당신을 잊지 않는다. 그러므로 협상에서 이김과 동시에 적이 아닌 친구를 얻는 게 좋다.

이번에는 협상의 즐거움에 대해 이야기해보자. 협상은 전쟁이 아닐 뿐 아니라 기분 나쁘고 귀찮은 일일 필요도 없다. 협상은 잘 하기만 하면 성장하는 경험이 될 수 있다. 그러니 협상을 두려워하지 말고 더 잘 할 수 있도록 노력해야 한다.

협상을 잘 하려면 우선 자신이 원하는 것이 무엇인지 잘 알아야 한다. 원하는 것을 얻기 위해 상대에게 무엇을 주어야 하는지도 알아야 한다. 동시에 상대에게 절대로 주어서는 안 될 것이 무엇인지도 알아야 한다. 그리고 언제 협상을 끝내야 하는지도 알아야 한다.

나만 아는 직장생활 꿀 팁

협상 상대를 적으로 여기지 말자

협상을 할 때 내편과 상대편으로 나누어 생각하지는 말자. 그 대신 협상 상대를 오랫동안 함께 잘 지내고 싶은 사람이라고 생각하자. 그러면 협상의 분위기를 좋게 바꿀 수 있을 것이다. 그것은 심리적인 속임수가 아니다. 그것이 사실이다. 대부분의 경우 당신이 협상을 해야 하는 상대는 당신이 함께 일하는 사람이나 함께 사는 사람이고, 당신의 삶을 더 수월하게 만들기 위해서 협조해야 할 사람이다.

나만 아는 직장생활 꿀 팁

얻을 수 있도록 구하자

어떤 사람이 내게 이런 말을 한 적이 있다. '구하지 않으면 얻을 수 없다.' 협상할 때 명심해야 할 말이다. 불행히도 우리들 대부분은 남들이 우리에게 주는 것을 받기만 하고 입을 다물도록 교육받으며 자랐다. 그래서 원하는 것에 대해 목소리를 높여 말하는 것은 낯설다.

그러던 어느 날, 아마도 우연히, 당신은 원하는 것을 요구하게 될 것이다. 그리고 그것을 얻어낸다. 그럴 때의 기쁨이란!

나는 프리랜서작가로 일할 때 그런 경험을 했다. 고객 한 사람이 내게 전화를 걸어 일자리를 제안했는데, 난 그 일을 하고 싶지 않았다. 그래서 그 사람이 보수를 얼마나 받느냐고 물었을 때, 나는 그 대화를 빨리 끝내고 싶어서 실제 받는 액수보다 두 배로 부풀려서 말했다. 그런데 놀랍게도 그 고객은 흔쾌히 그 액수를 주겠다고 했고, 나의 글에 대해 칭찬을 아끼지 않았다. 그 다음은 상상에 맡기겠다.

그렇게 기분 좋은 경험을 하고나면 당신은 예전과는 달라진다. 원하는 것을 얻고 나면 점점 더 원하게 되고, 그러다 보면 점점 더 얻게 된다. 그것이 바로 성장하는 경험이다.

협상 잘 하려면 다섯 가지는 알아두자

협상을 잘 하려면 우선 다음의 다섯 가지를 잘 알고 있어야 한다.

1) 내가 원하는 것은 무엇인가?

2) 그것을 얻기 위해 얼마나 노력할 것인가?

3) 무엇을 포기할 수 있는가?

4) 원하는 것을 아무리 얻고 싶더라도 절대 하지 않을 일은 무엇인가?

5) 언제 협상을 끝낼 것인가?

아이들은 종종 어른들보다 협상에 더 능하다. 아이들끼리 협상하는 것을 들어보면, 아이들은 밀고 당기는 협상 과정을 본능적으로 아주 잘 이해하고 있음을 알 수 있다. 아이들은 상황의 모든 면을 엄밀히 따져보면서 조건을 자신들에게 유리하게 바꿀 수 있는 기회를 찾는다.

내 딸은 세 살 때 이미 협상하는 방법을 배우기 시작했다. 딸아이는 원하는 것이 있을 때는 '이렇게 하는 건 어때?'하고 온전하게 요구하기 시작했다. 그리고 '그러면 공평하지?' 같은 말로 협상을 끝맺었다. 아이는 아직도 그런 식으로 협상을 한다. 상대가 필요로 하는 것을 주고, 자신이 원하는 것을 얻는다.

하지만 장난감이나 운동기구를 효과적으로 교환하는 아이들의 훌륭한 협상능력이 '안 돼.'와 '내가 그렇다면 그런 줄 알아.' 같은 두 가지 대답밖에 할 줄 모르는 어른들과 마주치면 힘을 잃고 만다. 상황이 위험하거나 아이의 요구를 도저히 받아들일 수 없을 때는 그렇게 말할 수도 있다. 하지만 그 외의 대부분의 상황에서는 부모들과 아이들도 모든 종류의 일에 대해 성공적으로 협상할 수 있다. 그리고 우리 어른들끼리도 그렇게 할 수 있다. 동료들끼리, 상사와, 직원들과.

협상가가 되자

그 일이 아니어도 살 수 있다고, 그 일 말고도 할 일은 많다고 스스로를 확신시켜야 한다. 그 일을 원하지만 그 일을 못해도 죽지는 않는다. 이런 극단적인 생각에 완전히 동화될 수 있다면 당신은 자신을 '거지'에서 '협상가'로 변신시킬 수 있다. 그리고 자신이 원하는 조건이 무엇인지 결정할 수 있다.

'난 이 일 안해도 살 수 있어.' 이런 마음가짐은 훌륭한 협상태도지만, 갖기 쉬운 태도는 결코 아니다. 나는 오래 전에 한 상사에게 이런 태도를 배웠다. 그는 자신이 어려운 협상을 어떻게 해냈는지 이야기해주곤 했다. '난 스스로에게 물었어. 필요하다면 이 일을 그만둘 수도 있을까? 그리고 대답은 늘 Yes였지.'

그렇게 함으로써 그는 협상과정의 극단적인 조건, 필요할 경우 포기하는 것까지 터득할 수 있었다. 최악의 결과에 정면으로 맞설 때 두려움은 상당부분 사라진다.

협상의 두 번째 비밀은 언제 협상을 마무리 지어야할지를 아는 것이다. 어떤 사람이 나에게 이렇게 말한 적이 있다. '당신이 절대로 받아들일 수 없는 것을 알고 있어야 합니다.' 절대로 받아들일 수 없는 것이 무엇인지는 스스로 결정할 수 있다. 아주 낮은 연봉이 될 수도 있고, 일을 할 때 갖는 자유의 정도일 수도 있다. 협상을 시작할 때는 자신이 받아들일 수 없는 것이 무엇인지 모를 수도 있다. 하지만 그것이 무엇인지는 듣는 순간 알 수 있다. 머릿속에서 경보음이 울리면 주의를 기울여라. 그리고 기억해라. '나는 이 일을 안 해도 살 수 있다.'

갈등상황을 협상 기회로 삼자

연습을 많이 할수록 협상에 능해지는 것은 당연하다. 직장생활을 하면서 협상기술을 연마할 기회는 어렵지 않게 얻을 수 있다. 앞으로 며칠 동안 갈등상황이나 문제가 생기면 협상의 기회로 삼도록 하라. 그리고 협상의 목적은 당신과 상대방 모두가 원하는 무언가를 얻는 것이라는 사실을 기억하라.

협상하겠다는 마음을 갖고 있다면 계속해서 갈등상황에 직면하게 될 것이다. 하지만 동시에 그 갈등을 더 잘 해결할 수 있게 될 것이다. 그리고 분노와 무기력감의 악순환에서 빠져나올 수 있을 것이다.

그 이유는 이런 것이다.

당신은 이제 자신을 변호하기 시작했으므로 화를 참고 참다가 '서서히 타오르는 분노'를 만드는 우를 범하지 않을 수 있다. 냉정해지면 상황을 좀 더 정확히 관찰할 수 있을 것이고, 따라서 상황을 더 잘 판단할 수 있게 될 것이다. 그러면 적절하

지 않은 때에 싸움을 걸지 않게 될 것이고, 싸움
에서 지지도 않을 것이다. 그렇다. 협상을 잘 하게
됨으로써 당신은 더 즐겁게 일할 수 있게 되는 것
이다.

자신의 견해는 옹호하자

갈등은 다른 사람들과 함께 일을 할 때면 자연스럽게 생기는 과정이다. 갈등을 피할 수 있다고 생각하는 건 어리석다. 갈등을 피하려고 하다보면 사람들은 당신을 밟고 지나갈 것이고, 그러면 당신은 더욱 화가 날 것이며, 분노는 계속해서 쌓일 것이다. 우선 분노에 당당하게 맞서라. 그리고 분노를 협상에서 효과적으로 이용하는 방법을 배워라. 모든 갈등 상황에서 다 이길 필요는 없다. 하지만 자신의 견해를 옹호할 수는 있어야 한다. 그렇게 하는 방법을 배운다면 당신은 협상에 능한 사람이 될 수 있다.

상사와 업무에 대한 담소를 나누자

당신은 지금부터 당신의 상사에 대해 좀 더 잘 알기 위해, 그리고 상사가 당신에 대해 좀 더 잘 알 수 있도록 하기 위해 '업무에 대한 담소'를 활용할 것이다. 우리들 대부분은 상사와 일대일 대화를 1년에 채 1시간도 나누지 않는다. 그나마 상사와 짧은 대화를 나누는 것은 업무수행평가를 할 때다. 만일 그때가 당신이 중요한 문제들에 대해 상사와 이야기를 나누는 유일한 시간이라면, 당신과 상사의 관계는 최악의 상황에 있다고 할 수 있다.

그러니 이제 업무에 대한 담소를 활용하는 방법을 배워보자. '업무에 대한 담소'는 당신의 일, 당신이 직면하고 있는 문제점들, 당신의 목표, 당신의 야망에 대해 상사와 함께 1년에 몇 번씩 의논할 수 있는 쉬운 접근방법이다. 업무에 대한 담소를 나누다 보면 당신과 상사는 서로를 좀 더 잘 알 수 있게 된다. 그리고 그것은 결국 당신의 커리어를 향상시켜줄 것이다.

어떻게 그렇게 될 수 있는지 보자. 간단하다. 단지 당신이 상사와 이야기를 나눴다는 그 사실 때문에 상사는 다음에 좋은 자리가 났을 때 당신을 떠올린다. 둘 사이에 접촉이 있었기 때문에 상사는 당신을 생각하게 되는 것이다. 업무에 대한 담소는 또 장기적으로 상사와 당신의 관계를 향상시켜줄 수 있다.

그렇다면 언제 그런 담소를 시작해야 할까? 정기적인 업무수행평가와 그 다음 업무수행평가 사이의 중간쯤에 하자. 흔히 그렇듯이 평가시기가 예정보다 늦어진다면, 혹은 당신 마음속에 뭔가 중요한 문제가 있다면 지금 당장 시간을 잡아라. 그런 대화를 나누자고 하기에 가장 좋은 때는 큰 프로젝트 하나가 끝난 직후다.

자연스럽게 대화를 청하자

상사들은 신중한 사람들이다. 수줍고도 늑대 같은 그들은 의심이 많을뿐더러 사람들과의 접촉을 피하려고 애쓴다. 따라서 당신이 절대로 해서는 안 되는 일은 '업무에 대한 담소'가 공식적인 대화인 것처럼 들리게 해서 상사를 놀라게 하는 것이다. 기억하라. 그것은 몇 개국 정상들의 평화협상이 아니라 그저 '담소'다. 상사를 놀라게 하지 않는 한 가지 방법은 '자연스럽게 충동적으로' 대화를 청하는 것이다. 다시 말해서 머릿속에는 치밀하게 계획을 세워놓았지만 가능한 한 충동적인 듯 자연스럽게 대화를 청하는 것이다. 상사의 방문이 열려있고 상사의 기분이 좋아 보이면, 그냥 걸어들어가라.

대화는 진심을 담아서 하자

대화는 간결하고 꾸밈없게, 그러나 진심을 담아서 해야 한다. 부담스럽거나 위협적이어서는 절대 안 된다. 환하게 웃으면서 숨을 깊이 들이마시고 '잠깐 시간 있으세요?'라고 묻는다. 그리고 대화는 15분을 넘겨서는 안 된다. 그래서 '담소'다.

이야기를 하는 동안 철저히 서로의 대화를 모니터하라. 얘기가 너무 길어져서 위험한 지경에 이르면 안 된다. 그런 상황이 발생하기 전에 상사의 반응을 살펴야 한다. 먼저 말을 하고 상사의 대답을 유도한 후, 다음과 같이 대화를 끝맺어라. '예, 제 생각을 말씀드릴 수 있게 해주셔서 감사합니다.' 상사의 후속 조처가 필요하다면 방을 나서기 전에 이야기하자.

솔선해서 대화를 유도하는 것이 필요한 이유는 몇 가지가 있다. 비범한 상사가 아니라면 당신에게 그런 대화를 나누자고 먼저 나서지 않을 것이기 때문이다. 대부분의 상사들은 수많은 서류와, 바쁜 업무와, 이해할 수 없는 기묘한 '상사연하는'

행동으로 부하 직원들이 절대 뚫고 들어갈 수 없는 튼튼한 굴을 만들고는 그 안에서 시간을 보내기 마련이다.

먼저 대화를 유도하는 것이 필요한 또 다른 이유는, 먼저 대화를 제안함으로써 대화의 내용과 스케줄을 당신 쪽에서 계획할 수 있기 때문이다. 당신이 예상할 수도 있었을 어떤 문제 때문에 상사의 방에 불려 들어가서 논의를 하게 되는 상황을 만들어서는 절대 안 된다.

프로다운 태도로 대화하자

당신이 상사와 부자연스럽고 표면적이며 무정한 관계를 갖고 있다면 업무에 대한 담소를 통해 많은 것을 얻을 수 있을 것이다. 그러자면 대화를 예의 바르고, 따뜻하게, 열린 마음으로, 그리고 프로다운 태도로 해야 한다.

일단 업무에 대한 담소를 당신의 커리어에 활용하는 방법을 마스터했다면, 다음 단계로 나아갈 준비가 된 것이다. 이제 그런 담소를 상사에 대해 더 잘 알아가는 계기로 삼자. 상사가 가장 중요하게 생각하는 가치는 무엇인가부터 가장 좋아하는 TV 프로그램은 무엇인가에 이르기까지.

여기서 냉소주의자들에게 한 마디 해둔다. 만일 이런 행동이 속이 너무 빤히 들여다보이는 아부성 행동이라고 생각한다면, 그렇게 생각해도 좋다. 하지만 기억해야 한다. 지금 목적은 당신 인생의 최소한 3분의1 이상을 지배하는 사람과 더 잘 지내는 것이라는 중요한 사실을.

TV 프로그램, 스포츠 팀, 책 등 모든 인간관계에

서 보편적인 윤활유로 작용하는 사소한 것들에 대해 이야기를 나누어라. 그런다고 해서 당신과 상사가 함께 골프를 치는 사이가 되지는 않겠지만 서로를 더욱 편하게 느낄 수는 있게 될 테니 말이다.

상사의 마음을 여는 방법을 고민하자

사람들을 몇 가지 유형으로 분류해놓은 책을 읽은 적이 있을 것이다. 예를 들어 싸움대장 형, 바보 형, 실패자형, 완벽주의 형, 등등. 당신은 상사가 어떤 유형인지 이미 알고 있다고 생각하고 있을지 모른다. 심지어 당신은 그런 유형의 상사에게는 어떤 식으로 말해야 되는 지까지 배우려 했을지도 모른다. 그러나 그렇게 해서는 아무것도 이룰 수 없다.

상사와의 관계에 문제가 있다면, 당신이 정말 알아야 할 것은 어떻게 하면 상사의 마음을 풀 수 있느냐는 것이다. 여기서 상사는 어떤 한 가지 '유형'이 아니라 '살아있는 사람'이다. 그런데 유감스럽게도 살아있는 특정한 사람의 마음을 풀게 하는 방법을 알려주는 책은 나와 있지 않다.

상사를 화나게 하는 건 뭔지 찾자

당신의 상사가 당신이 알아야 하는 것이 무엇인지 정확히 알려줄 수 있다. 상사들 중에는 그런 뜻을 알아듣기 쉽게 표현하는 사람들이 있다. 그럴 때 쓰는 표현을 예로 들면 다음과 같다. '나를 화나게 하는 건 말입니다…….' 혹은 '내가 정말 보고 싶은 모습은요…….' 이렇게까지는 말하지 않더라도, 잘 관찰하면 상사가 그런 뜻을 표현하는 경우를 알 수 있을 것이다.

당신은 지금 상사의 마음을 열 수 있는 열쇠를 찾고 있다. 그 열쇠는 바로 '상사를 화나게 만드는 것이 무엇이며, 기쁘게 만드는 것은 무엇이냐.'를 찾는 것이다. 이성적인 답을 찾으려 해서는 안 된다. 상사에게 다가갈 수 있는 열쇠는 이성적인 차원의 것이 아닐 수 있기 때문이다.

예를 들어, 상사가 당신이나 다른 누군가에게 불같이 화를 낸 것을 마지막으로 본 것이 언제인지 생각해보자. 상사가 다혈질이라면 떠오르는 경우가 너무 많은 것이 문제일 것이다. 상사가 가장 최근

에 화를 냈던 것이 누군가 지각했을 때였다면 상
사가 지각하는 것을 싫어한다는 것을 알 수 있다.
그렇다면 답이 나온다. 만일 당신이 종종 지각을
한다면 앞으로는 절대 지각하지 않으면 된다. 그
러면 마법처럼 당신을 향한 상사의 마음이 녹을
것이다.

상사가 싫어하는 행동은 피하자

상사가 싫어하는 것이 무엇인지 계속해서 관찰하라. 직원이 회의에 참석하지 않는 것이나, 상사가 말을 하는데 누군가 끼어들거나, 상사의 말을 부정하는 것을 싫어할 수도 있다. 아니면 사무실을 지저분하게 해 놓는 것을 싫어할 수도 있다.

진짜 비밀은 여기에 있다. 상사가 싫어하는 게 뭔지 알아낸 다음에는 그 행동을 절대 하지 않는 것이다. 상사의 언동이 조금 해이해지는 것이 문제가 될까? 물론 문제가 되는 않는다. 상사가 계속 행복해하기만 하다면 문제될 것이 없다. 당신이 보기에 상사가 어떤 행동이나 상황을 싫어하는 것 같으면, 그런 행동은 피하고 계속해서 상사를 기쁘게 해줄 수 있는 행동만 하라. 물론 불법적이거나 비윤리적인 행동이면 안 된다. 사무실에서 상사는 어느 정도 자기 멋대로 행동할 수 있는 특권이 있다. 영리한 직원이라면 그런 행동을 받아줄 것이다.

그런 단순한 규칙에 따라 행동하는 것을 무척 어

렵게 느끼는 사람들도 있다는 사실을 알면 당신은 놀랄 것이다. 어떤 사람들은 그런 규칙들을 무시하는 데서 즐거움을 느끼기도 한다. 다른 면에서는 똑똑하고 예민한 사람들도 '자신들은 상사가 시간을 정확히 지키는 것을 중요하게 생각한다는 사실을 전혀 알지 못했다'고 말하는 경우가 있다. 이래서는 안 된다.

여기서 오해하면 안 될 것은, 상사의 언어폭력이나 극단적이고 받아들일 수 없는 행동까지 참으라는 얘기가 아니다. 그런 것들에 대해서는 회사의 규정에 따라 불만을 제기해야 한다. 그렇게 해도 문제가 해결되지 않으면 다른 일자리를 찾아봐야 할 것이다.

상사가 싫어하는 행동을 피하기만 해서는 안 된다. 상사를 기쁘게 하고 즐겁게 하는 것이 무엇인지 알아내야 한다. 예컨대 상사는 당신이 자신의 농담을 듣고 웃어주는 것을 좋아할 수 있다. 그렇다면 웃어주어라. 부적절한 농담이 아닌 한 말이다. 아니면 그의 옷이나 머리 모양, 그가 하는 말, 그의 행동을 칭찬하라.

아니면 당신의 상사가 당신의 의견을 묻지도 않고 혼자서 결정을 해버리는 유형이라면, 상사의 의견에 동의해주는 것이 좋다. 만일 상사의 의견에 도저히 동의할 수 없다면, 상사에게 가서 의견을 분명히 말하라. 하지만 상사와 당신의 의견차이가 그렇게 큰 것이 아니라면, 상사의 뜻을 인정하라. 그리고 상사가 당신에게 어떤 태도를 보이는지 보아라. 어떤 경우 상사는 당신이 천재라고 생각할지도 모른다. 당신이 논쟁을 일으키지 않았다는 사실만으로도 말이다. 상사가 당신을 천재라고 생각한다면 정말 좋은 일 아닌가?

단순한 공식이다. 적어도 내가 생각하기에는. 이렇게 하면 대개는 상사에 대해 좋은 마음을 품을 수 있게 된다. 상사에 대해 예의바르게 행동하는 것 이상의 행동을 조언하고 난 후, 나는 지방도시에 사는 한 독자로부터 다음과 같은 메일을 받았다.

'사람들이 일의 결과와 성과에 대해 걱정을 하면서 더 많은 시간을 보낸다면, 상사의 기행에 대해 걱정할 필요가 없어질 거라고 생각하지 않으세요?

그런데 선생님의 글은 마치 상사에게 아첨하는 방법에 대해 가르치시는 것처럼 보입니다. 그렇지 않다고 절 안심시켜주세요.'

물론 일의 결과와 성과는 무엇보다 중요하다. 일의 결과나 성과는 뒷전으로 미뤄둔 채 상사에게 잘하는 데만 몰두하라는 얘기가 아니다. 냉소적이고 주변 일은 남 몰라라 하면서 동료들을 교묘히 조종하고 상사들에게 반항할 음모를 꾸미는 사람이 되지 말라는 것이다.

업무와 인간관계는 양손과 같다

 업무의 결과와 인간관계가 서로 전혀 관계가 없는 것이라고 생각한다면 문제에 봉착하게 된다. 피아노를 칠 때 우리는 한 손으로는 리듬을 연주하고 다른 한 손으로는 멜로디를 연주한다. 한 손으로만 연주를 한다면 멜로디나 리듬 둘 중 하나밖에 연주할 수 없고, 음악은 그다지 아름답게 들리지 않을 것이다.

 직장에서 일을 할 때도 결과와 인간관계는 같은 방식으로 연결되어 있다. 당신은 한 손으로는 당신이 할 수 있는 최대한의 성과를 거둔다. 그리고 나머지 한 손으로는 그런 훌륭한 성과를 거두는데 방해가 되는 요소들을 제거하는 정치적 기술을 활용해야 한다.

 많은 사람들이 상사의 기벽 같은 것은 상관하지 않으며 일해야 한다고 생각한다. 그런 것을 상관해서는 안 된다고 말한다. 맞는 말이다. 그러나 모든 직원이 프로답게 행동한다고 하더라도 여전히 문제는 존재한다. 이유를 알고 싶은가? 사람들의 성격은 제각기 달라 서로 삐걱거리기 마련이고, 사람들은 서로에 대해 오해를 하기 마련이며, 사람들은 화를 아주 잘 내고, 사람들은……인간일 뿐이기 때문이다.

상사와 사이좋게 지내지 못한다면 일이라도 잘하도록 노력하자고 다짐할 수 있다. 하지만 그렇게 되지는 않을 것이다.

사무실에 산재해 있는 '인간관계와 관련한 문제들'을 무시한 채 일만 하려고 든다면 금방 곤란한 상황에 처하게 될 것이다. 어떤 프로젝트를 잘 해냈더라도, 권력자 뒤에 있는 배후인물에게 말 한마디만 잘못하거나 모욕을 주기라도 하면, 그 사람은 당신의 성과를 사장시켜버릴 수도 있을 것이기 때문이다.

지금 이런 내 얘기를 이해할 수 없다면, 안타깝지만 당신은 나중에도 일이 왜 그렇게 잘못되었는지 이해할 수 없을 것이다.

나만 아는 직장생활 꿀 팁

인간관계는 윤활유다

　하루 종일 사무실의 정치에만 신경 쓰며 지내라는 뜻은 아니다. 그것은 시간낭비다. 그러다가는 일도 하지 못할 것이다. 하지만 당신 주변의 사람들이 어떻게 움직이는지는 이해할 필요는 있다. 특히 당신의 상사가 어떻게 움직이는지는 이해해야 한다. 회사를 자동차에 비유한다면, 업무성과는 기어이고 인간관계는 윤활유에 해당한다. 기어를 매끄럽게 해줄 윤활유가 없다면 자동차는 오랫동안 제대로 달릴 수 없다. 인간관계를 무시한다면 그만큼 일도 제대로 해낼 수 없다는 뜻이다.

　회사생활을 처음 시작한 사람들은 상사들이나 동료들을 정형화해서 생각하기 쉽다. 하지만 그렇게 사람을 한 가지 유형으로 생각하고 대해서는 안 된다. 사람들은 모두가 서로 다른 개인이고, 서로 다르게 다루어져야 하기 때문이다. 당신 또한 그런 대우를 받고 싶지 않은가?

노력에 대한 대가는 있다

상사를 알고 상사를 기쁘게 해주려고 노력한 데 대한 대가는 있다. 당신이 상사가 원하는 대로 일을 하는 데 익숙해지기만 하면, 어느 정도의 권력을 얻게 될 것이다. 그리고 그런 사실을 상사에게 알리고 거래의 수단으로 이용할 수 있다. '제가 하는 일을 항상 잘 말씀드렸잖아요. 이제는 부장님께서 저를 좀 도와주세요. …….'

지방도시에 사는 독자가 제기했던 질문으로 돌아가 보자. 이런 모든 정치적 행동과 상대방의 마음을 읽으며 일하는 태도가 단지 상사에게 아부를 하는 것일까? 나는 아니라고 답하겠다. 당신의 궁극적인 목적은 일을 하는 것이다. 일을 잘 하기 위해서는 그런 자세가 필요하다. 게다가 교양 있고, 합리적인 방식으로 일을 하기만 한다면 그런 자세는 문제될 것이 없다.

아첨과 섬김은 다르다

상사에게 아첨을 하는 것과 상사를 진심으로 섬기는 것의 차이는 무엇일까? 윤리적으로 거리끼지 않는 정도를 넘어서서 모든 말과 행동을 상사를 기쁘게 하기 위해서만 하는지, 아니면 일을 하기 위해서 그런 말과 행동을 하는지는 스스로 구별할 수 있을 것이다.

어떤 사람들은 자신들의 행동에 의문을 품지 않고, 자신들의 행동이 윤리적인지 아닌지에 대해서도 생각해보지 않는다. 그들은 살아남기 위해서 해야 하는 일들을 하는 것이고, 그것으로 그만이다. 상사의 의견에 진심으로 동의하는 한, 당신과 상사가 목표와 가치를 공유하는 한, 그런 태도는 나쁘지 않다.

상사를 섬기는 다른 방법들에는 어떤 것이 있을까? 예를 들어 상사가 한 농담이 당신의 마음을 불편하게 만들었다면, 그렇다고 말을 하라. 그런 경우에도 아무 말 하지 않고 가만히 있을 수는 있다. 하지만 그러면 아무것도 얻을 게 없다. 당신은 계속해서 상사의 그런 농담 때문에 기분이 언짢을 것이고, 상사가 그런 농담을 하지 않을 것으로 기대하기는 더더욱 힘들다.

조직 내부가 어떻게 돌아가고 있는지 상사에게 알려주라. 상사에게 가서 동료들에 대해 험담을 하거나, 사내에 퍼지고 있는 소문을 전하라는 얘기가 아니다. 직원들의 사기나 생산성에 대해 당신이 관찰한 것들을 상사에게 알리라는 뜻이다. 물론 그렇게 하는 과정에서 누군가의 신뢰를 저버리거나 다른 사람을 곤란한 상황에 빠뜨려서는 안 된다.

상사에게 칭찬하라. 그리고 상사를 칭찬할 때는 반드시 그 이유를 대라. 그렇게 하면 상사를 기분 좋게 만들뿐 아니라, 나중에 사용할 정보도 알리는 일석이조의 효과가 있다. '그 회의는 정말 도움이 많이 되었습니다. 사람들이 발전가능성이 있는 방향으로 사업구조를 바꾸는 경영전략인 리스트럭처링에 대해 염려하던 점들을 토론할 수 있는 기회를 주신 것은 아주 좋았다고 생각합니다.' 아첨꾼은 상사가 믿든 안 믿든 상황을 가리지 않고 칭찬한다. 상사를 제대로 섬기는 사람은 칭찬해야 할 때만 칭찬한다.

'No'라고 말할 수 있어야 한다. 무언가 참을 수 없는 것이 있다면 말을 하라. 의혹이 있거든 말을 하라. 건강한 관계에는 때로 의견의 불일치가 있는 것이 당연하다. 아첨꾼은 상사의 뜻을 전혀 거역하지 못하는 '예스맨'이다. 당신은 그런 아첨꾼이나 예스맨이 되어서는 안 된다.

어쩌면 근본적인 부분에서 상사와 뜻이 전혀 맞지 않는 경우가 있을 수 있다. 이런 상황은 두 사람이 목표와 방법은 공유하면서도 중간 중간 말다툼을 하는 것보다 더 위험하다.

당신과 상사는 뜻이 맞는 경우가 거의 없기 때문에 상사에 대해 칭찬할 것이 거의 없다고, 그리고 당신과 상사는 진실을 보는 눈이 다르다고 말할지 모른다. 그런 경우에는 당신이 아무리 좋은 뜻으로 비판하더라도, 그 일을 해나갈 생각이 없는 것으로 비칠 수도 있다. 그런 경우, 당신은 당신과 같은 가치관을 지니고 있는 새로운 상사를 찾는 편이 낫다.

신뢰받는 직원이 되자

지금까지 살아남았다면 즉, 지금까지 기본적으로 상사를 기쁘게 해주는 데 성공했다면 당신은 다음 단계로 나아갈 준비가 된 것이다. 이제 우리는 당신을 신뢰받는 직원으로 만들 것이다.

당신의 상사는 부하직원이 있는가? 그리고 당신은 그 두 사람의 편안하고 친밀한 관계를 망쳐놓고 싶지 않은가? 정신이 제대로 박힌 상사라면 자신은 얼마든지 더 많은 부하직원들을 신뢰하고 총애할 수 있다고 말할 것이다. 당신도 그중 한사람이 될 수 있다.

현재 상사의 신뢰와 총애를 받고 있는 직원이나 아직은 그렇지 못한 당신이 같은 조건에 있다고 가정하고 이야기를 시작하자.

상사로부터 신뢰와 총애를 받는 직원이 가진 것 중에 당신이 갖고 싶은 것이 무엇인가? 신입사원의 입장에서는 상사의 관심일 것이다. 총애를 받는 직원은 언제든 상사의 방에 들어갈 수 있다. 반면 당신은 늘 문 앞에 줄서서 기다려야할지 모른다.

또 다른 이점도 있다. 상사가 어떤 사람에 대해 우호적인 생각과 태도를 가지면 그 사람이 하는 일은 원활하게 진행될 수 있다. 상사가 당신을 편안하게 느낀다면, 상사는 당신에게 회사에서 벌어지고 있는 일에 대해 귀중한 정보를 줄 것이다. 그리고 어떻게 기회를 잡을지에 대해서도 알려줄 것이다. 아니면 당신과 상사가 더 강한 유대를 형성한다면, 상사는 당신의 멘토, 즉 정신적 스승이 되어줄 수도 있고, 당신의 커리어에 도움이 될 수 있는 사람들을 소개해줄 수도 있다.

나만 아는 직장생활 꿀 팁

상사의 신뢰를 받는 구체적인 방법

상사로부터 신뢰와 총애를 받는 직원이 되는 방법은 무엇일까?

일을 잘 해라

당신의 기준에서만이 아니라 상사의 기준으로도 일을 잘 해야 한다. 이것이 기본이다. 그 토대 위에서 다른 모든 것이 이루어진다.

약속을 지켜라

당신이 하겠다고 약속한 일을 꼭 해내야 한다. 한 번으로는 안 되고 계속해서 꾸준히 그렇게 해야 한다. 프로젝트 하나가 제대로 이루어졌다고 당신을 당장 믿는 사람은 없다.

상사에게 나쁜 영향을 미치지 마라

어떤 행동을 취하기 전에 스스로에게 물어라. '이 행동이 상사에게 어떤 영향을 미칠까?' 그 행동이 상사를 당황하게 하거나 상사의 평판을 나쁘게 만드는 일이라고 생각된다면, 그와 다른 행동을 하거나 아예 하지마라. 아니면 상사와 그 행동에 대해 의논하자. 이런 말이 낯설고 놀랍게 들린다면,

당신은 '전문 상담'이라도 받아야할 것이다. 그것은 상사와 의사소통을 하지 않거나 '죄송합니다, 그건 제 일이 아닌데요.'라는 말이 입에 붙은 사람들이 받아야 할 상담이다.

얼마나 많은 사람들이 자신들의 행동이 상사에게 어떤 영향을 미칠지를 생각조차 않는지 알면 놀랄 것이다. 그러나 실제로 상사들은 부하직원들의 행동 때문에 수많은 골치 아픈 상황에 처한다. 지금껏 상사에게 영향을 미칠 행동에 대해 상사와 의논하지 않았다면, 왜 그랬는가? 그런 행동에 대해 상사와 의논하는 것은 예의 바른 행동이고 프로다운 행동일 뿐 아니라, 훌륭한 방어적 행동이기도 하다.

상사가 성공하는 데 도움을 주라

어떤 프로젝트가 상사에게 중요하다면 그 프로젝트는 당신에게도 중요해야 한다. 때로 당신은 그 프로젝트가 왜 그렇게 중요한지 이해하지 못할 수도 있다. 때로는 그 프로젝트가 중요한 이유가 아주 형편없는 것일 수도 있다. 예를 들어 그 프로젝트를 끝내면 상사가 보너스를 받게 된다든가 하는. 그 프로젝트가 중요한 이유를 완전히 이해하지 못했더라도, 그것은 중요하지 않을 수 있다. 어쨌든 그 일을 잘 해냄으로써 상사에게 충성심을 보일 수는 있을 테니. 상사가 성공하는데 도움을 줄 경우, 현명한 상사라면 그 역시 당신을 성공하게 해줄 것이다.

상사와의 갈등을 해결하자

우리 모두는 상사들과 의견 차이를 가지고 있다. 상사와 의견 차이를 갖는다는 것은 난감하지만 피할 수 없는 일이다. 하지만 그런 갈등이 끊임없이 계속된다면 어떡해야 할까? 정답은 '갈등을 해결한다.'이다.

다음은 고민에 빠져있는 한 독자로부터 받은 편지의 일부다.

'어떻게 하면 좋을지 조언 좀 해주세요. 상사가 제 의견이나 제가 결정한 것에 대해 계속해서 반대를 한다면, 그 갈등을 어떻게 해결해야 옳을까요? 어떻게 하면 제 직업이나 커리어를 위험하게 만드는 결과를 피할 수 있을까요?'

이 편지를 보면 이 편지를 보낸 사람의 상사는 부하직원의 독창성이나 결단력을 없애려고 작정한 사람처럼 보인다. 그리고 그런 상황이 오랫동안 계속되어온 것으로 보인다. 이런 관계를 개선하는 방법을 다음 장에서 알아보자.

실험기간을 갖자

당신의 상사가 사람들과 일을 지배하기를 원한다는 신호를 분명히 보낼 경우, 그렇게 하도록 내버려 두어라. 물론 상사가 비윤리적인 행동을 하거나 직원이나 고객에게 해를 입히지 않는 경우에 한해서 말이다. 여기서 말하려는 것은 상사가 편안한 분위기에서 일하는 것이 좋다는 뜻이다. 상사가 편안하게 느끼는 범위 내에서는 직원들에게 결정권을 조금밖에 주지 않을 수도 있다. 하지만 상사가 직원들과 일을 지배하려는 데는 이유가 있을 것이다. 그리고 당신은 당신 자신을 상사가 원하는 온순한 직원으로 변화시켜라.

당신의 정신건강과 자존심을 생각해서 그런 시기를 '실험기간'이라고 부르자. 3개월 정도 그런 시기를 보내보자. 그동안은 세계 최고의 '예스맨'인 양 행동하자. 상사를 만족시킨다는 목표 하나를 위해서 살아가자. 딱 3개월만이다. 장기적으로 볼 때 그 시기가 당신의 상황을 개선시켜줄 수 있다면 그 정도는 참을 만하지 않은가?

상사가 귀찮아할 만큼 묻자

'실험기간' 동안에도 계속해서 생각을 해야 하고, 계속해서 독창성과 솔선하는 자세를 가져야 한다. 단 모든 일을 하기 전에 상사와 의논을 해야 한다. 상사와 의사소통을 하기 위해 의식적으로 노력하고, 어떤 일을 하기 전에는 무조건 상사의 허락을 받아라. 이렇게 하면 상사가 결정을 내리는 데 자신감을 갖게 해 줄 수 있다. 이 전략이 먹힌다면, 당신은 상사에게 받아들여질 수 있을 정도로 아이디어를 제시하는 방법을 터득하게 될 것이다. 최종결정은 상사에게 맡기면서 말이다. 이 전략이 효과가 있으면 상사는 당신의 아이디어 중 일부를 받아들여서 활용할 것이다.

그렇게 하는 것이 쉬운 일은 아니다. 그리고 그렇게 한다 해도 당신과 상사가 '함께' 일을 하는 관계가 될 가능성은 희박하다. 당신의 상사는 계속해서 권력과 영광을 쥐고 있으려 할 것이다. 당신은 상사를 위해 일을 하면서 상사의 그늘 아래서 일하는 데 익숙해져야 할지도 모른다.

물론 이와 같은 3개월간의 실험기간이 끝나면 당신은 상사가 마침내 당신에게 여유를 줄 것이라는 희망을 갖고 행동을 변화시킬 것이다. 상사는 당신에 대한, 그리고 자신에 대한 신임을 되찾을 것이고 당신을 더욱 신뢰하게 될 것이다. 그때에도 당신은 상사가 계속해서 편안한 상태로 일할 수 있도록 스스로를 훈련시켜야 한다.

상사가 당신을 싫어해도 잘 보필하자

어쩌면 상사가 당신을 싫어할지도 모른다. 상사들은 때로 부하직원 중 한사람을 위협적인 존재로 느낀다. 일단 그렇게 되면 상사는 독사처럼 그 직원을 물고 놓아주지 않는다. 하지만 그럴 때조차도 상사를 잘 보필하려 애쓴다면 상황을 호전시킬 수 있다.

상사가 당신을 싫어하는 경우 벌어질 수 있는 최악의 상황은 무엇일까? 상사가 그런 태도를 전혀 바꾸지 않는 것일 수도 있고, 당신의 훌륭한 아이디어를 훔쳐갈 수도 있으며, 당신을 무시할 수도 있다. 그렇게 된다면 그 회사 안에서 다른 일자리를 찾거나 아예 다른 회사의 일자리를 찾되, 그동안은 상사 앞에서 '예스맨'처럼 행동하는 것이 좋다.

상사가 당신을 믿지 않아도 참자

당신의 상사가 당신을 믿지 않는다. 그것은 어떻게 알 수 있을까? 물론 알 수 있다. 상사가 당신에게 예의바르게는 대하더라도 당신은 뭔가 이상한 점을 느낄 것이다. 상사가 당신을 빼놓고 회의를 주재할 수도 있다. 그리고 그 회의에서 정말 중요한 일을 의논하며, 그 회의에 모인 사람들에게만 이득이 될 일을 배분하는 것이다. 그런 사실을 알게 되더라도 참고 지내는 수밖에 없다.

혹은 힘든 상황에서도 상사가 당신에게는 도움을 청하지 않을 수도 있다. 뭔가 해야 할 특별한 일이 있는 경우, 당신이 아닌 다른 사람에게 일을 부탁하는 것이다. 아니면 시시한 일은 당신에게 시키고 독창성이 필요한 일은 다른 사람에게 시킬 수도 있다.

상사의 불신을 막자

상사가 당신을 믿지 않는 경우, 상황을 어떻게 호전시킬 수 있을까? 최악의 상황 즉, 상사가 당신을 무능하다고 생각하고 있다고 상상하면서도 상사가 당신에게 가지고 있을 나쁜 인상을 약화시키기 위해 최선을 다해 노력해야 한다. 비록 상사가 당신에게 어떤 좋지 않은 인상을 가지고 있을지라도.

당신은 당신의 재능을 과시할 수 있는 기회를 얻고 싶어 한다. 그런데 그런 기회는 다른 사람들 즉, 당신의 상사가 신뢰하는 사람들에게 가버린다. 그러면 악순환이 이어진다. 상사가 당신을 부르지 않으니 당신도 다른 사람들만큼 일을 잘 할 수 있다는 사실을 보여줄 기회가 없고, 그렇게 되면 상사는 당신의 능력을 점점 더 불신하게 된다.

이것은 당신이 자존심을 다치거나 기분이 상하는 것 이상의 문제다. 그와 같은 악순환이 시작되고 나면 상사는 당신을 승진시키지도 않을 것이고, 연봉을 인상해주지도 않을 것이며, 당신과 이야기조차 하지 않을 수도 있다. 그 결과는? 당신의 커리어는 계속해서 제자리걸음하게 될 것이다.

그럼 어떻게 해야 할까? 당신의 상사는 무슨 이유인지 모르지만 당신이 기회를 원하지 않는다고 생각하기 때문에 당신에게 기회를 주지 않고 있다. 어쩌면 당신은 상사가 당신을 어떻게 생각하고 있는지 모를 수도 있다. 그래서 상사가 당신에게 가지고 있을 나쁜 인상을 약화시키기 위해 최선을 다해 노력해야 한다.

일을 자원하자

당신이 아주 잘 해낼 수 있는 일이 있다면 그 일을 하겠다고 자원하라. 하지만 일을 잘 선택해야한다. 그리고 그 일을 반드시 성공적으로 해내야한다. 당신이 여러 가지 일들을 성공적으로 해나감에 따라 당신은 믿을 만한 사람이고 책임감 있는 사람이라는 평판을 얻게 될 것이다. 그리고 당신에게 극단적으로 회의적이던 상사의 마음을 돌려놓을 수도 있을 것이다.

참고 견뎌야 한다. 일을 하겠다고 자원을 해도 거절당할 수 있다. 그렇더라도 모욕을 당했다고 생각하거나 기죽지 말고 계속해서 자원하라. 그러면 언젠가는 어떤 일을 할 수 있는 사람이 당신밖에 없는 상황이 올 것이고, 결국 기회를 얻게 될 것이다.

자신의 성과를 이야기하라

이 방법은 조심해서 사용해야 한다. 더 큰 문제가 발생할 수 있기 때문에. 상사에게 당신이 한 일에 대해 이야기하라. 일하는 모습을 직접 보여주는 것만은 못하겠지만 자신의 재능을 감추고 있는 것보다는 낫다. 그렇다고 아무 때나 이야기해서는 안 된다. 전략적으로 필요한 때에 말을 해야 한다. 예를 들어 당신이 한 일에 대해 냉정한 평가를 원한다면, 상사가 잊고 있는 당신의 성과를 부드럽고 조심스럽게 일깨워주어라.

나를 변호해줄 사람을 찾자

상사의 동료 중에 당신을 좋게 평가하는 사람이 있지는 않은가? 당신에 대해 좋게 이야기해줄 수 있는 사람 말이다. 이런 카드는 매일 꺼내 쓸 수 있는 것은 아니지만, 당신이 승진을 앞두거나 한 상황에서 당신을 칭찬해줄 사람이 필요하다면, 그때 바로 이 카드를 써야 한다.

때로는 이도저도 안될 때가 있다. 그러면 상사가 다른 부서나 다른 회사로 옮겨가기를 기다리며 살 수도 있고, 다른 부서로의 전임을 요청할 수도 있으며, 아예 다른 회사로 옮길 수도 있다. 그렇게 될 경우 새로운 상사가 당신과 얼마나 소통할 수 있는 사람인지 확인하는 것을 잊어서는 안 된다. 상사와 소통이 되지 않을 경우 당신의 커리어가 얼마나 뒤떨어지게 되는지를 알고 있으니 말이다.

상사가 자주 바뀌면 훈련기회로 삼자

상사가 6개월 정도의 짧은 기간마다 바뀌는 경우가 있다. 상사가 어떤 사람인지 이해한 순간 새로운 상사가 나타나는 식이다. 이럴 땐 당신 자신을 위한 관리훈련 기회로 만들어보자.

다음은 그런 경우를 겪은 독자의 이야기다.

'일정한 기간마다 관리직원을 각기 다른 프로젝트 팀에 정기적으로 순환 배치하는 이유가 무엇인지 말씀해주실 수 있나요?

저는 한 대규모 건강관리 업체의 데이터 처리부서에서 일을 하는데 평균 일 년에 한 번씩 관리자가 바뀝니다. 같은 관리자들에게 매번 다른 임무를 맡기는 식이죠. 직원들은 새로운 관리자와 관리방식에 적응하느라 끊임없이 스트레스를 받습니다. 결과적으로 그런 방식은 직원들이 발전을 해나가는 데 중대한 장벽이 되고 있습니다.

이는 또한 직원들의 사기에도 부정적인 영향을 미칩니다. 한 상사에게 익숙해질 때쯤이면 조직이 바뀌어서 새로운 상사를 맞이해야 하니까요.'

당신도 이런 일을 겪었다면 당신 역시 회사에서 왜 부서마다 관리자들을 순환 근무시키는지 그 이유를 궁금해 했을지 모른다. 회사에서는 그런 방식을 '크로스 트레이닝(cross training; 두 가지 이상의 작업에 익숙해지도록 훈련시키는 일)'이라고 부르는데, 그것은 관리자들에게 회사가 어떻게 돌아가는지, 그들이 장차 직면하게 될 문제점들이 어떤 것인지, 그리고 그들에게 그런 도전을 해올 사람들이 어떤 사람들인지에 대한 전반적인 시각을 갖게 해주기 위한 중요한 수단이다.

하지만 당신의 입장에서 그것은 새롭게 고안된 고문수단처럼 느껴질 수도 있다. 그리고 최악의 경우 그렇게 여러 명의 상사를 거치다보면 당신은 한 명이 아니라 여러 명의 기분을 상하게 하고 실망시키게 될 수도 있다.

하지만 긍정적으로 생각하자. 이런 경험을 당신 자신을 위한 관리훈련 기회로 만들어보는 것이다.

상사와 대화를 나누자

가능한 한 빠른 기회에 새로 온 상사에게 면담을 요청해서 부서가 만들어진 과정에 대해 이야기를 나누자. 당신의 질문에 대한 상사의 대답을 통해 회사의 큰 그림을 그릴 수 있게 될 것이고, 사내의 어디에 빈 자리가 있는지도 알 수 있다.

뿐만 아니라 당신이 상사에게 관심을 보인다는 사실만으로도 상사를 당신 편으로 만들 수도 있고, 사내에서 당신의 뜻을 펼 여지를 넓힐 수도 있다. 함께 일하는 상사가 여러 명일수록 당신은 이런 면담을 연습할 기회가 많아질 것이다. 그리고 각각의 상사들이 말해준 사실들을 취합하면 당신도 그들만큼 회사에 대해 아는 것이 많아질 것이다.

새 상사가 오기 전에 준비하자

계속해서 관리자가 바뀌는 것 때문에 좋지 않은 경험을 했다면, 다음에 올 관리자와는 지금까지 배운 것을 활용해보도록 하자. 동료들과 함께 날을 잡아서 피자라도 먹으며 이 문제에 대해 분석하고, 해결할 방법에 대해 계획을 세우는 것이다. 이렇게 하면 관리자 훈련도 된다. 솔선하는 자세와 팀워크에 대해 배울 수 있다.

지난번 상사와 일할 때 겪었던 문제들에 대해 생각해보자. 이번에는 어떻게 다른 방식으로 대처할 수 있을까? 결론은 이것이다. 새로운 상사가 나타나기 '전에' 준비를 해야 한다.

새 상사에게 먼저 찾아가자

 계속해서 바뀌는 상사들 중 한사람이 의사소통이 되지 않는 사람이거나, 서로 모순되는 당황스러운 명령을 내린다면, 여러 명이 함께 상사와 면담하는 것도 좋다. 상사에게 지도를 받기 위해 찾아왔음을 명백히 해야 한다. '부장님의 규칙은 무엇인가요? 알려주시면 저희가 일을 하기가 쉬울 것 같습니다.' 식으로.

 상사들이 6개월 정도 주기로 바뀐다면 새로운 상사가 온 뒤 한 달 이내에 찾아가야 한다. 한 달이 지나버리면 골치 아픈 상황에 빠질 수 있기 때문이다. 그야말로 당신의 부서로 '새' 상사가 왔을 때 바로 행동해야 한다.

경험 없는 상사는 도와주자

6개월마다 상사가 바뀌는 가운데 경험이 없는 초짜 상사가 온다면 상사가 부서에 대해 알아 가는 데 도움을 주어라. 이것은 상사의 일을 대신 해주라는 뜻이 아니다. 상사에게 조언을 해줄 수 있는 기회를 찾으라는 얘기다. 그러면 충성심이 있는 직원이라는 인상을 심어줄 수 있다. 상사가 다른 부서로 옮겨간 후에도 기억에 남는 직원이 되는 건 괜찮은 일 아닌가?

물론 이렇게 말할 사람이 있을지 모른다. '쥐꼬리만 한 월급을 받는 나더러 내 월급의 두 배를 받으면서 회사차까지 타고 다니는 사람을 도와주라고요?' 맞는 말이다. 하지만 힘 있는 사람을 도와주었는데 그 사람이 당신을 잊어버린다고 해서 당신이 잃을 것도 없지 않은가? 사람들에게 운을 걸어보면 일이 뜻대로 되지 않을 수도 있고, 뜻대로 될 수도 있다. 나 같으면 그런 가능성에 기대를 걸어볼 것이다.

나만 아는 직장생활 꿀 팁

당신의 전부를 관리하는 상사는 어떻게?

지금 당신이 하고 있는 일을 예전에 한 적이 있는 사람을 상사로 모시는 것만큼 우울한 일도 없다고 생각할지 모른다. 아무리 애를 써도 상사가 했던 것만큼 그 일을 잘 할 수는 없을 테니 말이다. 어디까지나 상사가 보기에는 그럴 것이다. 그런 상사가 세세한 부분까지 관리하려 드는 상사의 고전적인 예이다. 즉, 부하직원이 하는 일에 대해 속속들이 모조리 알고 있다고 확신하고는 부하직원이 해놓은 일을 다시 하거나, 기회가 생길 때마다 부하직원의 일에 참견하는 상사 말이다.

당신이 하는 모든 일에 참견하는 그런 상사는 당신을 기죽게 하거나 좌절시키려고 일부러 그러는 건 아니다. 하지만 종종 그런 결과를 낳기도 한다. 그런 상사는 직원들의 독창성을 파괴하고 사기를 떨어뜨리며 생산성 또한 떨어뜨린다.

그렇다면 당신이 하는 모든 행동을 감시하면서 따르기에 불가능한 기준을 제시하는 상사는 어떻게 다루어야할까?

업무의 객관적인 기준을 충족시키자

당신의 커리어와 관련 있는 일에 대해서는 업무의 질이나 책임감, 신뢰감에 있어서 최고의 객관적 기준을 충족시킬 수 있도록 해야 한다.

상사가 세워놓은 기준은 당신은 물론 어느 누구도 충족시킬 수 없을 정도로 높을 수도 있다. 그러니 업무 매뉴얼이나 업무지침서 등에 설명되어 있는 '객관적인' 기준을 충족시키자.

객관적인 업무기준에 맞추려고 애쓴다면, 계속해서 높아져만 가는, 그래서 도저히 따라잡을 수 없을 것 같은 상사의 기준 때문에 기가 죽을 가능성은 줄어든다. 합리적이고 구체적인 목표를 계속해서 지니고 있기만 한다면, 상사가 어떤 머리싸움을 걸어와도 흔들리지 않고 일할 수 있을 것이다.

조건을 협상하라

　당신은 상사의 업무 방식에 적응해야 할 필요도 물론 있다. 또한 당신이 동의할 수 있는 업무지침을 세워달라고 요청함으로써 상사를 능가할 수도 있다. 새로 온 상사와 일을 하기 시작하자마자 바로 그런 내용에 대한 면담을 요청하라. 필요한 게 무엇인지 명확히 이해하지 못한 상태로 일을 하는 기간이 길어지면 길어질수록 당신은 점점 더 괴로워질 것이니.

　면담을 하면서 상사에게 당신에게 기대하는 게 무엇인지 명확히 이해시켜주었으면 좋겠다고 이야기하라. 세세한 일에까지 참견하는 상사가 어느 정도로 세세한 부분까지 간섭하느냐에 따라 당신이 하루를 어떻게 보내야 할지 정할 수 있을 테니. 최대한 사소한 부분까지 상사가 원하는 게 무엇인지를 알아내라. 당신이 정확히 몇 시에 출근하기를 바라는지부터 매일 오후 3시 30분에 당신이 어디에 있기를 바라는가에 이르기까지 말이다.

　빈틈없이 신중하게 행동해야 한다. 당신이 지금

하고 있는 일을 상사가 예전에 했다면, 그 일에 대해 상사에게 조언을 구하라. 그렇게 하면 상사에게 자신의 능력에 대해 자랑할 기회를 주는 셈이기도 하다. 물론 당신의 입장에서는 어떻게 일을 해야 상사가 만족할 수 있을지 세세하게 지도받을 수 있는 기회이기도 하다.

이렇게 함으로써 결국 당신도 상사를 세세한 부분까지 관리할 수 있게 된다. 면담이 끝나면 당신과 상사 둘 다 당신의 일이 어떻게 이루어져야 하는지 정확히 알게 될 것이다.

이 면담을 통해서 적어도 세 가지 중요한 일을 이루어낼 수 있다.

- 당신은 상사가 당신에게 기대하는 것이 무엇인지 정확히 알 수 있게 되고 그 기대에 맞게 일할 수 있다.

- 업무수행평가에서 상사와 함께 항목별로 검토할 수 있는 근거가 생긴다. 당신이, 당신과 상사가 면담에서 동의한 기준을 충족시켰거나, 그 이상으로 일을 해냈음을 입증할 수 있다면 상사도 인정할 가능성이 높다. 면담 후에 상사의 기준이 바뀌었다

면 업무평가가 끝난 후 다음의 평가를 위해서 업무기준에 대해 새롭게 교섭할 수 있다.

- 앞서 '당신이 동의한 지침'이라고 말했던 것을 기억하는가? 그 말은 상사가 기대하는 것이 정확히 무엇인지 자세한 설명을 요구하라는 뜻이다. 또한 너무 모호하거나 당신의 능력을 벗어나는 것에 대해서는 동의하지 않겠다는 뜻을 나타내기도 한다. 어떤 일을 하는 방법을 알지 못한다면, 스스로 훈련해야 한다. 그리고 무언가 동의할 수 없는 것이 있다면, 객관적인 기준을 이용하여 타협할 수도 있을 것이다.

물론 이렇게 하는 것이 말처럼 쉬운 일은 아니다. 상사는 당신에 대한 기준을 바꾸려할지 모른다. 그것이 세세한 일에까지 간섭하는 상사의 본성 중 하나다. 상사가 기준을 바꾸지나 않는지 방심하지 말고 지켜보고, 주기적으로 상사와 함께 계획이나 기준을 조정할 준비를 하고 있어야 한다.

나만 아는 직장생활 꿀 팁

있으나마나한 상사는 직접 관리하자

당신이 하는 일마다 사사건건 간섭하는 상사보다 더 나쁜 상사는 어떤 상사일까? 그것은 있으나마나한 상사다. 이런 상사는 업무지시도 내리지 않고, 회의를 주재하지도 않고, 업무평가는 아예 하지 않거나 하더라도 아주 가끔 하며, 결정도 내리지 않는다. 게다가 상사의 지도가 필요한 경우에도 모습을 감추고 나타나지 않는다.

있으나마나한 상사는 어떻게 해서 생기는 것일까? 일에 대한 열정이 전혀 없는 사람이 그런 상사가 될 수 있다. 그것은 쉽게 상상할 수 있는 시나리오다. 이런 사람들은 관리자의 자리로 올라감에 따라 실제 업무와는 점점 멀어진다. 물론 세세한 일까지 간섭하는 부류는 관리자의 자리에 올랐음에도 부하직원들의 일을 관리하고 감독하는 대신 자신이 전에 했던 일을 계속하기도 한다.

하지만 다른 유형의 상사들, 특히 있으나마한 상사들은 사람들로부터 멀어질 뿐만 아니라 일 자체로부터도 멀어지고, 대화도 하지 않는다. 사람들과 업무관계가 없어지면서 그들은 자신들이 지닌 지식을 전해줄 능력이나 기회 또한 잃게 된다. 최악의 경우는 무능하기 때문에 사람들과 업무로부터 멀어지는 상사들도 있다.

 당신은 있으나마나한 상사가 다른 부서나 직위로 옮겨가기 전까지는 스스로를 관리해야하고, 필요한 경우에는 당신이 상사를 관리해야한다.

대답할 수 있는 질문만 하라

상사가 당신에게 먼저 다가오지 않으면 당신이 다가가라. 상사에게 질문하라. 가능한 한 구체적으로. 그래야 답을 얻을 가능성이 있다.

다지 선택 식으로 질문하는 방법도 있다. 상사에게 진정한 지도를 받기 힘들다고 생각되는 경우에는 두세 가지 답을 제시하여 그 가운데 한 가지를 선택하도록 유도하는 것도 좋은 방법이다.

하지만 상사에게 성가신 존재가 되어서는 안 된다. 상사의 동의 없이 스스로 알아서 할 수 있는 일은 하고, 상사 외에 당신에게 도움을 줄 수 있는 사람들을 활용하자. 동료들이나 다른 관리자들에게 도움을 받자. 상사가 있으나마나한 경우에는 대개 '그림자에 가려진' 상사가 있기 마련이다. 그런 사람이 있으나마나한 상사 대신 실제로 상사역할을 하는 것이다. 그런 사람이 누구인지 식별하여 잘 활용하도록 하자.

그리고 있으나마나한 상사에게 질문할 때는 꼭 그가 대답할 수 있는 질문만 하자.

업무평가와 개선을 주도하라

 당신의 상사가 업무평가를 6개월쯤 늦게 한다고 해보자. 그런 경우 당신이 택해야 할 전술은 앞서가는 것이다. 상사는 절대로 그렇게 하지 않을 것이니.

 인사부서에 가서 업무평가가 언제 이루어질 것인지 알아내고 상사에게 그 날짜를 알려주라. 그리고 약속을 잡아라. 그 사이 과거에 실시했던 평가용지를 이용해서 스스로의 업무를 평가해보자. 그리고 상사를 만나면 그 평가 내용에 따라 대화를 이끌어가자. 그리고 그 내용에 따라 업무에서 바꾸고 싶은 것이 있다면 제안하라.

 있으나마나한 유형의 상사는 당신의 업무에 별 관심을 갖지 않을 것이다. 따라서 당신의 성과를 알리는 것은 전적으로 당신에게 달려있다. 문제가 있을 때 도움을 청하는 것 역시 당신 몫이다. 그런 경우 상사가 도움을 주지 못한다면 도움을 줄 수 있는 다른 사람을 찾아야 한다.

스타일이 다르면 스스로 관리하라

어쩌면 당신이 생각하는 것처럼 아무 생각이 없는 상사가 아닐 수도 있다. 단지 스타일이 서로 너무 다른 것일 수도 있다. 즉, 당신은 가까이서 관리감독을 받아야 편한데, 당신의 상사는 조금 떨어져서 감독하는 방식을 선호할 수도 있다는 말이다. 동료들과 함께 확인해보라. 스스로 알아서 일하기 좋아하는 사람들은 있으나마나하게 보이는 유형의 상사와 일하면 더 잘 성장할 수도 있다.

자신과 상사가 업무감독 방식에서 서로 맞지 않는다는 사실을 깨달았으면, 세심한 지도를 기대하지 마라. 지금은 스스로 자신의 일을 관리하는 훈련을 하라. 그게 공정하냐고? 물론 공정하지 않다. 하지만 그것이 현실이다.

좌절감을 느끼지만 않는다면, 그런 점이 있으나마나한 상사의 좋은 점이다. 당신은 스스로 일을 관리하는 방법을 배울 수 있다. 비록 그것이 당신이 원하지 않았던 것일지라도 당신에겐 값진 선물이다.

원하는 것을 상사에게 알려라

당신과 상사의 관계를 어떻게 만들고 가꾸어갈 것인가는, 대부분이 당신의 책임이라는 사실을 인정하기만 한다면, 당신은 어떤 유형의 상사와도 잘 지낼 수 있을 것이다. 상사가 뭔가를 해주기만 기다린다면 당신은 실망할 수밖에 없다. 상사의 특성과 기벽을 알아내어 적응하도록 노력하라. 정기적으로 간결하지만 명확하게 상사와 대화를 나누는 습관을 기르도록 하라. 상사에게 당신이 어떤 일을 하고 있는지 계속해서 이야기하라. 상황이 바뀌었을 때는 그런 사실 또한 상사에게 알려라. 그리고 당신이 원하는 것이 무엇인지 상사에게 이야기하라. 그런다고 당신이 원하는 것을 항상 얻을 수는 없겠지만, 아예 알리지 않았을 때보다는 얻을 가능성이 훨씬 높아질 테니.

스트레스는 적이다

스트레스와 만성피로는 당신이 하는 일과 당신이 사랑하는 사람들에 대한 기쁨과 열정, 즐거움을 앗아간다는 사실을 기억하라.

극도의 신체적, 정신적 피로를 느끼는 사람들은 하루에 담배를 두 갑씩 피워대는 사람들과 무척 비슷하다. 하루에 담배를 두 갑씩 피워대면서도 자신들은 괜찮다고 믿어 의심치 않는 골초들이나 마찬가지다. 불면증과 이혼, 음주, 고혈압은 어떨까? 역시 자신의 건강과는 아무 관계가 없다고 생각한다.

간단히 말해서 피로에 찌든 사람들은 자신의 몸에 주의를 기울이지 않는다. 자신에게 신경 써주는 사람들의 말도 귀담아 듣지 않는다. 따라서 만성피로 상태를 극복하는 첫 번째 단계는 하루 빨리 자신의 건강상태가 어떤지 돌아보는 것이다. 그럴 필요가 뭐가 있냐고 물을지도 모른다. 하지만 스트레스와 만성피로는 심장마비와도 같이 갑작스럽게 사람의 목숨을 앗아갈 수도 있고, 알코

올중독이나 우울증처럼 서서히 목숨을 앗아갈 수
도 있다. 분명한 것은 스트레스와 만성피로는 당
신이 하는 일과 사랑하는 사람들을 앗아간다는 사
실이다.

직업병에 대해서 알자

모른다고 병에 걸리지 않는 것은 아니다. 위험을 인식하는 것은 직장생활을 하면서 자신의 안전과 건강을 지키는 데 무척 중요하다.

자신의 직업이 지닌 위험성에 대해 알고 있어야 한다. 자신이 몸담고 있는 분야에 종사하는 사람들이 허리를 잘 다치지 않는지, 암이 잘 걸리는지, 두통이 심하지 않은지, 눈이 심하게 피로하지는 않은지 알고 있어야 자신의 몸을 보호할 수 있다.

일이나 스트레스와 관련한 행동장애는 질병보다는 눈에 덜 띄지만, 마찬가지로 치명적일 수 있다. 당신이 가진 직업이 약물남용이나 알코올중독, 이혼, 우울증 등의 발생률이 높은가? 야근을 밥 먹듯 하면서 죽어라 일하다가 결국 그런 페이스를 견디지 못하고 그만두는 일이 잦은가?

회사의 인력관리 부서나 노동조합을 통해서, 혹은 업계의 신문이나 잡지, 일간지나 텔레비전 등을 통해서 당신의 직업과 관련한 질병에 대해 구체적인 정보를 얻을 수 있다.

주위사람들을 둘러보자

내가 생각하기에 자신이 일하는 곳을 균형 있게 바라볼 수 있는 가장 좋은 방법은 주위사람들을 둘러보는 것이다. 과연 그곳이 일할 만한 곳인지 확인하기에 좋은 방법이기도 하다.

당신이 함께 일하는 사람들은 당신의 신체적, 정신적 건강의 거울이기도 하다. 지금도 그렇고, 나중에도 그럴 것이다. 동료들의 눈빛, 자세, 피부를 보라. 그들이 어떤 이야기를 하는지, 자신들의 일에 대해 뭐라고 말하는지 귀 기울여 들어보라. 그들이 무엇에 대해 불평을 하는지. 무엇이 그들을 기쁘게 하는지.

자세히 관찰해보면 많은 사람들이 불면증으로 고생하고, 두통약이나 소화제를 상용하고, 툭하면 이렇게 말할 것이다. '난 이 일이 싫어.' 이런 현상은 경고로 받아들여야 한다. 특히 대부분이 그런 경우에는 심각한 경고로 받아들여야 한다.

자신이 하고 있는 일을 10년 이상 해온 사람들을 주의 깊게 살펴보라. 앞으로 10년 뒤에 당신은 그 사람들과 같은 모습을 갖고 싶은가? 그렇지 않다면 당신은 지금 당장 업무습관과 생활습관을 바꿔야 한다. 그래야 미래의 자신을 보호할 수 있고, 오랫동안 만족스럽게 일할 수 있다.

물론 자기 자신도 관찰해야 한다. 나는 어떤 자세로 일하는가? 일을 할 때 어떤 생각과 걱정들이 머릿속을 스치는가? 월요일 아침에 출근할 때의 기분은 어떤가? 퇴근할 때는? 정신적, 육체적인 만성피로가 자신을 덮쳐오고 있다는 사실을 알아야만 피로와의 싸움을 시작할 수 있다.

나만 아는 직장생활 꿀 팁

업무환경을 잘 관리하자

물건을 들어 올리거나 몸을 굽히거나 늘릴 때의 적절한 자세를 배워야 한다. 올바른 도구를 사용하고, 자주 사용하는 도구들은 가까운 곳에 두어서 그것들을 집느라 몸을 무리하게 움직이지 않도록 한다. 업무에 사용하는 물질들과 화학제품들은 반드시 안전수칙을 읽은 후에 사용해야 한다. 장비들이 일하기 좋게 잘 정리되어 있으며, 몸에 맞게 조정되어 있는지도 수시로 확인해야 한다.

휴식을 취하자

같은 자리에 계속 앉아서 일을 하는 직업이라면 적어도 한 시간에 한 번씩은 일어나서 몸을 움직여줘야 한다. 하루 중 대부분의 시간 동안 집중하며 일해야 할지도 모른다. 이런 경우에는 중간 중간 긴장을 풀고 쉴 필요가 있다. 극도의 집중과 근심, 스트레스는 당신의 몸을 부자연스러운 상태에 있게 만든다. 신체의 어느 부분이 아프고 어느 부분이 긴장하고 있는지 알아야 한다.

위험으로부터 자신을 보호하라

야외에서 일을 한다면 극도의 더위나 추위, 태양과 바람에 노출되기 쉽다. 날씨에 맞게 복장을 갖춰야 한다. 태양광선 아래서 오랫동안 일할 때는 적절한 복장을 하고 모자를 쓰며 자외선 차단 크림을 항상 발라야 한다. 영하의 기온에서 일을 해야 하는 사람들은 동상에 걸리지 않도록 조심해야 한다. 그리고 따뜻한 실내에서 자주 자주 쉬어가며 일해야 한다.

극도의 추위나 더위 속에서 일하지 않더라도 동료들과 함께 건강과 안전문제에 관심을 가져야 한다. 자신과 같은 업종에 있는 사람들이 직면하기 쉬운 위험이 무엇인지 알아보고, 그 위험으로부터 서로를 보호해야 한다.

규칙적으로 운동하자

 적당한 운동을 규칙적으로 하는 것은 업무 중에 경련을 일으킬 수 있는 근육을 풀어주는 데 도움을 준다. 또한 걷기나 달리기, 수영, 혹은 자전거 타기 등의 운동을 통해 직장에서 쌓인 긴장과 스트레스를 풀 수도 있다. 의사로부터 자신에게 맞는 운동을 처방받아 규칙적으로 운동하자.

건전한 방법으로 스트레스를 풀자

당신은 담배를 피우거나, 과식을 하거나, 식사를 거르거나, 진정제나 수면제를 복용하거나, 혹은 과음을 하는 등 건강에 나쁜 방법으로 스트레스를 풀고 있지는 않은가? 운동은 그런 나쁜 습관을 없애거나 조절하려는 사람들에게 도움이 된다. 그런 좋지 않은 방법은 버리고 건강에 좋은 방법으로 스트레스를 관리해야 한다.

나는 담배를 끊기 전 매일 아침 수영을 시작했다. 처음에는 8백 미터 정도 수영을 하고 나서 담배를 피우곤 했다. 그러나 얼마 후부터는 담배가 수영에 방해가 되기 시작했다. 담배를 끊는 데는 그 후로도 오랜 시간이 걸렸지만 수영은 분명 내 자신의 이미지를 바꾸는데 도움이 되었다.

나만 아는 직장생활 꿀 팁

슈퍼맨 콤플렉스는 버리자

스트레스와 피로가 외부로부터 온다고 생각하면 편하다. 실제로 일부는 그렇기도 하다. 살아갈수록 책임질 일은 점점 더 많아지고 사람들은 당신에게 점점 더 많은 것을 요구하며, 사는 것은 점점 더 바빠진다. 그것은 단순한 사회적 통념이 아니라 현실이다.

하지만 스트레스에는 그 이상이 있다. 자신이 모든 일을 해내는 슈퍼우먼이나 슈퍼맨이 될 수 있다는 통념을 믿음으로서 자신의 삶에 스트레스를 더하고 있다는 사실을 깨닫기 전까지는 외부에서 주어지는 스트레스는 걱정하지 않아도 된다.

그런 통념을 담고 있던 TV 광고를 당신도 기억할 것이다. 그때는 나도 그것이 가능한 것처럼 보였다. 그래서 여자들은 아이를 출산한 뒤에도 계속해서 많은 시간을 일했고, 재정적인 책임을 더 많이 떠안았다. 더 큰 집을 사기 위해, 새 차를 사기 위해, 더 호화로운 휴가를 떠나기 위해.

그러다보면 어느 날 갑자기 당신은 당신 삶의 매

순간이 계획되어 있다는 사실을 깨닫는다. 그리고 당신은 늘 피곤하다. 모든 것을 해내야 하고 모든 것을 가져야 한다는 사실이 당신을 지치게 만든다. 그리고 정작 당신은 자신이 지닌 것을 거의 즐기지 못하고 있다.

지금 당장 그런 태도를 버리고 자신이 떠맡고 있는 짐 가운데 어떤 것을 버릴지 결정해야 한다.

우선 솔직하게 따져보자. 당신은 그 모든 일들을 해야 하기 때문에 하는가, 아니면 하고 싶어서 하는가? 그리고 그 일들이 자신이 선택한 것인가? 즉, 그렇게 많은 일을 하지 않는 길을 선택할 수도 있었는데 그것을 거부한 건 아닌가? 모든 일을 할 수 있는 사람이라는 '불가능한' 이미지에 매달리느라 그런 선택을 거절하지 않았는가?

우리 모두는 스스로에게 이미지를 갖고 있다. 단도직입적으로 말하면 그런 이미지는 환상이다. 이미지는 우리의 부모님들이나 학교 친구들이 우리에게 이야기한 것들과 TV 광고를 보고 받아들인 생각들을 한데 엮어서 만들어낸 환상일 뿐이다.

자기 자신에게 중요한 일을 하자

스트레스를 받을 때마다 당신은 선택을 해야 한다. 그럴 땐 스스로에게 질문하라. '나는 정말로 어떤 사람이며, 나에게 정말로 중요한 것은 무엇일까?' 그 질문에 답해본 후에 선택하자.

자신이 지금까지 지녀온 이미지를 벗는 가장 좋은 방법은, 선택에 직면할 때마다 지금까지와는 다른 새로운 선택을 하는 것이다. 과거에 저질렀던 실수들이 얼마나 불합리했는지 곰곰이 생각해 보고, 다시는 그런 실수를 하지 말자고 맹세하자.

선택을 한다는 것은 자신의 이미지를 포기해야 한다는 뜻이다. 선택하기를 거부한다면 당신은 이미지가 자기 자신보다 중요하다고 말하는 것밖에 안 된다.

모든 것 중에서 가장 우선해야할 것은 '이미지'가 아닌 '자신'에게 중요한 일을 하는 것이다. 이미지는 아무리 노력해도 만족시킬 수 없다. 자신에게 중요한 일은 에너지를 준다. 자신에게 중요한 일을 하기 시작하면 모든 것이 제자리에 놓인다.

부정적인 사고를 버려라

많은 사람들이 실패를 나쁜 운 탓으로 돌리고 불평한다. 마치 그림동화 〈곰돌이 푸우〉에 나오는 의기소침한 당나귀 '이요르'처럼. 이요르를 보면서 자기 자신을 보는 것 같은 느낌이 드는 사람들이 많을 것이다.

문제는 당신이 실패할 때마다 낙담하거나 실패하는 것이 어쩔 수 없는 운명이라고 생각하고 체념한다면, 자신감과 에너지를 크게 손상시키게 된다는 점이다. 자신감과 에너지는 스트레스를 없애줄 수 있는 원천으로 손상시켜서는 안 된다. 오히려 활성화시켜야 한다.

우리는 스트레스를 일으키는 외부문제들에 대해서는 이미 잘 인식하고 있다. 과다한 업무, 동료들과의 갈등, 가정 내의 문제, 쌓여있는 갖가지 청구서들.

또 우리들 대부분은 스트레스를 받을 때 상황을 더 악화시키는 부정적 사고습관에 대해 알고 있다. 그런 습관들은 과연 무엇인가? 어떻게 그 습관의 정체를 밝힐 수 있을까? 그리고 어떻게 그 습관들을 조절할 수 있을까?

부정적인 사고의 가장 큰 폐해는 모르는 사이에 스며든다는 점이다. 대부분의 경우 우리는 부정적으로 사고함으로써 자신을 쇠락시킨다는 사실을 깨닫지 못한다. 따라서 그런 태도를 버리기 위한 첫 번째 단계는 부정적인 사고를 수면 위로 끌어올리는 것이다.

부정적인 메시지는 보내지 말자

다음에 소개하는 연습을 해보자.

승용차에 탄 채 화물열차가 지나가기를 기다리는데 앞에 십여 대가 줄지어 기다리고 있다면, 혹은 신호가 네 번이나 바뀌었는데도 아직 좌회전을 하지 못하고 있다면, 자신이 다음 중 어떤 반응을 보일지 생각해 보자.

- 안 그래도 늦었는데 왜 이런 일이 생기는 거야?
- 나는 항상 이렇다니까.
- 왜 난 이렇게 재수가 없지?
- 제시간에 출발을 안 해서 이렇게 된 거야.
- 좀 더 일찍 출발했더라면 이렇게 되지는 않았을 텐데…….

자동차가 다시 움직일 때까지 자신이 어떤 생각을 하는지 귀 기울여 들어보자. 자신이 어떻게 스스로를 탓하는지, 혹은 다른 사람이나 운명을 탓하는지, 아니면 흔히 일어날 수 있는 일이라고 생각하며 별로 괴로워하지 않는지 보라.

사실 당신은 단지 화물열차 때문에 화를 내면서 스스로를 괴롭히고 있을 뿐이다. 그런 부정적인 사고방식을 갖기 시작하면 최악의 상황에서도 부정적인 생각을 하기 마련이다.

당신이 무척 어려운 프로젝트를 진행하고 있다고 가정해 보자. 그 프로젝트를 해내느라 노력하는 것 외에도, 당신은 실패할 것이라는 부정적인 메시지를 스스로에게 보내느라 바쁘다. 그런 부정적인 메시지는 일에 집중하는 것을 방해할뿐더러 일을 더 어렵게 만든다.

'처음부터 예상했어야 했어, 난 정말 바보 같아, 다들 날 비웃고 있을 거야, 난 왜 이렇게 느릴까?, 이번 일을 제대로 해내지 못하면 다시는 기회를 얻지 못할 텐데.' 등등. 그런 부정적인 생각을 하면서도 아예 일을 포기해버리거나 더 많은 실수를 하지 않는 것은 참으로 신기한 일이다.

내 일에 대한 지배력을 갖자

일 때문에 스트레스를 받고 있다면 당신이 관찰해야 할 가장 중요한 요소들 중 하나는 '지배력'이다.

누가 상황을 지배하고 있는가? 당신도 지배력을 가질 수 있는가? 당신은 올바른 것들을 지배하고 있는가? 아니면 잘못된 것들을 지배하고 있는가? 당신은 지배력을 놓아버릴 수 있는가?

스트레스 증상들 중 하나는 자신이 아무것도 지배하지 못하고 있다는 느낌이다. 상사나 배우자, 혹은 가족들의 요구가 자산의 삶을 지배하고 있는 듯 느껴지는 것이다. 남들로부터 지배받지 않는 것은 잠자는 행위뿐인 듯하다. 그러나 알고 보면 잠마저도 일에 대한 악몽에 지배받고 있을지 모른다.

No라고 말하자

감당하지 못할 정도로 많은 일을 떠맡고 있지는 않은가? 다음에서 그 몇 가지 증상을 소개하겠다. 혹시 무척 익숙한 이야기들은 아닌지?

- 당신이 모든 일을 다 해야 한다. 그리고 그 일들 때문에 당신은 죽을 지경이다.
- 모든 사람들이 당신이 엄청나게 많은 일을 해낸다는 사실에 감탄한다. 당신은 제외한 모든 사람들이.
- 당신은 많은 일을 하지만 무엇 하나 제대로 되는 일은 없어 보인다.
- 일을 많이 하면 할수록 자신은 표류하고 있다는 느낌이 든다.
- 다른 사람들이 부탁을 해올 때 절대 거절하지 못한다.
- 무언가 일을 하고 있을 때만 자신이 쓸모 있는 사람처럼 느껴진다.
- 인생을 즐겨야 한다고 생각하는 만큼 즐기지는 못한다.

감당하지 못할 정도로 많은 일을 하는 것은 무엇이 문제일까? 정신없이 재촉당하면서 일을 하긴 하는데 상황을 직접 컨트롤하지 못하고 있다는 느낌이 드는 것이 문제다. 일을 하기는 하는데 만족을 못한다는 사실이 문제다. 또한 자신의 목표가 아니라 다른 사람의 목표를 이뤄주고 있다는 점 또한 문제다.

일을 줄이기로 결심했다고 하자. 어디서부터 그 결심을 실행해야 할까? 자신이 하는 일들 중에서 가장 중요한 일을 가려낼 수 있을 때까지 한 달간은 새로운 일을 하겠다고 자원하지 않기로 결심하자.

감당하지 못할 정도로 일을 많이 떠맡는 게 습관이 된 사람이라면 일을 하겠다고 자원하지 않는 것이 거의 불가능하다는 사실을 알게 될 것이다. 머릿속에서 경보음이 울리며 '내가 없으면 일을 못할 거란 말이야.' 같은 소리가 들려올 것이다. 그런 경우 당신은 자신이 없으면 일이 돌아가지 않을 거라는 착각에 빠져 있는 것이다.

누군가 자신을 원한다는 느낌을 갖는 것은 좋다.

하지만 자신이 중요한 사람이라고 느끼기 위해서 남들이 자신을 원한다는 느낌을 받아야 한다면 그건 문제다.

'내가 없으면 저 사람들은 일을 제대로 하지 못할 거야.' 혹은 '다른 사람이 하게 놔두면 분명 내가 다 다시 해야 할 거야. 그러니 그냥 내가 하는 게 낫지.' 이런 생각은 모두 자신이 없으면 안 될 거라는 잘못된 통념에서 기인한 것이다. 이런 생각이 심해지면 자신을 제외한 다른 모든 사람들이 지닌 중요한 권리 즉, 스스로 생각하고 판단하고 실수도 하고 문제를 해결하기도 하는 권리를 부정하는 것이다.

또한 그런 태도는 상황을 컨트롤하지 못하면 행복하지 못하다는 것을 암시하기도 한다. 컨트롤하는 것 그 자체는 나쁘지 않다. 하지만 항상 무언가를 컨트롤해야 한다는 것은 문제가 될 수 있다. 다른 사람들의 일을 대신해주거나 너무 세세한 부분까지 감독하면 상대방이 지나치게 당신에게 의존하게 만들 수 있다. 그리고 장기적으로 볼 때 그들의 생산성과 성장에 부정적인 영향을 미치게 된다.

 당신이 결근이라도 한 날은 분명 당신 성에 차지 않게 일처리가 되어 있을 것이다. 그러면 '역시 내가 없으면 안 된다니까.'하며 잠깐 동안은 기분이 좋을 것이다. 하지만 당신은 자신의 역할을 잘못 이해하고 있는 것이다. 당신의 역할은 모든 일을 다 하는 것이 아니다. 당신의 진정한 역할은 자신이 맡은 일을 잘 해내고 다른 사람들도 그들이 맡은 일을 잘할 수 있도록 해주는 것이다.

 한 달만이라도 자동적으로 나서서 일을 하는 버릇을 억제할 수 있게 된다면, 당신은 일의 양을 줄여가는 쪽으로 크게 한 발 나아간 것이다. 그러나 자원해서 일을 하지 않는 것으로는 부족하다. 다른 사람들이 부탁을 해올 때 거절할 준비도 되어 있어야 한다. 이것은 다른 사람들이 당신에 대해 어떻게 생각할지에 기초해서 자신의 이미지를 만들어 왔다면 거의 불가능할 것이다.

 다른 사람들이 당신에 대해 어떻게 생각하는지에 의존하는 것은 그것이 당신의 행동에 영향을 미칠 때는 문제가 된다. 당신이 'No'라고 말할 경우 상대가 당신을 어떻게 생각할지가 두려워서 'Yes'라고 답한다면 당신은 심각한 문제에 처하게 될 것이다.

한 달간의 시험이 잘 진행되어 간다면 일정표에는 빈자리가 생기기 시작할 것이다. 그런 자유시간은 중요한 질문들에 대해 생각하는 데 사용할 수 있을 것이다. 그런 것이 너무 어색하게 느껴진다면, 더욱 그렇게 할 필요가 있다. 그리고 깨어 있는 시간 동안 내내 바쁘지 않은 경우 마음이 불안하다면, 당신은 뭔가 중요한 일을 미루고 있다는 신호일 수 있다.

자, 중요한 질문들이란 무엇일까? '내 일에서, 내 인생에서 내가 성취하고 싶은 것은 무엇일까?' '내가 하는 이 모든 일들은 무슨 의미를 지니는 것일까?' '내가 하는 일 중에서 누군가가 해야 한다고 해서가 아니라 나 자신을 위해서 하는 일은 얼마나 될까?' '나는 행복한가?' 이런 것들이 중요한 질문이다. 이런 질문들은 대답하기 쉽지 않다. 이 질문에 답하는 것보다는 오히려 일을 하나 더 맡는 것이 쉽게 느껴질 것이다. 그래도 이런 질문들

에 대해서는 반드시 고민하고 대답을 찾아보아야
한다.

이런 모든 노력을 하는 목적은 이기적이 되기 위해서가 아니라 스스로 삶의 방향을 정할 수 있게 되기 위해서다. 당신의 삶은 당신 자신의 것이지 다른 사람들의 것이 아니라는 사실을 깨닫는다면 불필요한 일에 대해 'No'라고 말하는 것이 조금은 쉬워질 것이다.

길게 보면 당신이 해내는 일의 양과 다른 사람들에게 헌신하는 태도를 줄이거나 버릴 필요는 없다. 단 방향을 바꿀 필요는 있다.

예를 들어 가족들의 뒤치다꺼리를 해주는 대신 그들 스스로가 뒤처리를 할 수 있도록 가르치는 것이다. 아니면 가족들을 위해 밥을 하지 않았다는 사실에 죄의식을 느끼는 대신 그들에게 밥하는 법을 가르쳐주면 된다.

일에도 똑같이 적용할 수 있다. 사무실 사람들 모두가 컴퓨터에 문제가 생길 때마다 당신에게 고쳐달라고 한다면, 매번 그들의 컴퓨터를 고쳐주는 대신 그들에게 문제를 직접 해결하는 방법을 가르쳐주면 된다.

 당신에게 의지하는 사람들의 부탁을 거절하는 것이 그들을 배신하는 것처럼 느껴진다면, 당신은 그들을 자기 일을 자기가 알아서 할 수 있는 사람이 되도록 가르쳐주고 있는 거라는 사실을 기억하면 된다. 그리고 스트레스를 가져다주는 큰 요소로부터 자신을 자유롭게 해주고 있다는 사실도.

 스트레스와 만성피로는 마치 감기처럼 때때로 당신을 덮쳐온다는 사실을 깨닫고 나면, 그것들과 좀 더 잘 싸울 수 있을 것이다. 일하는 것이 괴롭고 사기는 바닥에 떨어졌다면, 가장 먼저 스스로에게 질문해야 할 것은 바로 이것이다. '내가 나를 너무 지치게 했나?' 최선의 방어란, 우선순위를 기억하고 자신이 해야 할 가장 중요한 일을 방해하는 일에 대해서는 'No'라고 말하는 것이다.

장기적이고 넓은 시야를 갖자

당신은 지금 하는 일에 비해서 너무 늙지는 않았는가? 신체적인 나이를 얘기하는 것이 아니다. 우리는 정년퇴직 연령이 지나도 여러 해 동안 일 할 수 있는 정신적, 신체적 잠재력을 지니고 있다. 하지만 30대밖에 안되었는데도 자신의 일과 회사에 대해, 그리고 자신이 몸담고 있는 업계에 대해서 아는 것이 없다면 당신은 시대에 뒤진 사람이다.

이제는 자신의 일을 할 줄 아는 것만으로는 부족하다. 정보와 기술이 놀라운 속도로 발전하는 요즘, 잘못하다가는 업계에서 한참 뒤져 있는 자신을 발견할지 모른다. 자신이 하는 일이 그 업계에서 어느 위치에 있는지 모르고 있다가 그 직업이 곧 사라질 운명이라는 것을 알고 깜짝 놀라는 경우도 있다. 그렇게 된다면 당신은 너무 늙고 무능력한 사람으로 느껴질 것이다.

업계의 속도를 따라가기 위해서 밤을 새워가며 표와 그래프를 들여다보면서 업계의 경향을 연구할 필요는 없다. 그렇지만 정기적으로 노력할 필

나만 아는 직장생활 꿀 팁

요는 분명 있다.

 자신이 하고 있는 일에 대해서 큰 그림을 그려본 적이 있는가? 자신이 하는 일이 어떤 의미를 갖는지, 어떤 가치가 있는지, 회사에서는 어떤 위치를 차지하며 전체 업계에서는 어떤 위치를 차지하고 있는지 등. 우리는 항상 자신이, 그리고 자신의 일이 큰 그림 안에서 어느 자리를 차지하고 있는지 알려고 노력해야 한다. 다음에서 그런 습관을 들일 수 있는 쉬운 방법을 소개하겠다.

 무엇을 읽든, 무엇을 듣든, 무엇을 보든, 거기서 얻은 정보를 가지고 스스로에게 '이것이 나에게 어떤 영향을 미칠 수 있을까? 이 뉴스를 어떻게 활용할 수 있을까?' 질문해보자. 그러다 보면 수많은 뉴스와 새로운 경향과 새롭게 개발되는 기술이 자신에게 영향을 미칠 가능성이 있음을 알게 될 것이다. 혹은 자신이 읽고 들은 것에 관심은 느껴지지만 자신이 하고 있는 일과 연관성은 없어 보이는 경우도 있을 것이다. 그럴 때 당신은 자신 안에 있는 창의성을 일깨우며 '여기서 관심을 느꼈다면 내가 하고 있는 일에 연관시킬 수 있는 방법이 분명 있을 거야.' 이렇게 말해야 한다. 이런 식으로 생각하는 것이 처음에는 낯설게 느껴질 수도 있다. 하지만 계속해서 그렇게 하다보면 어느샌가 습관이 될 것이다.

당신은 또 방어적으로 일하는 방법을 배워야 한다. 예전에는 고개를 숙인 채 주변에서 벌어지는 일에는 신경 쓰지 않으며 일할 수 있었을지 모른다. 하지만 오늘날과 같이 변화가 빠른 시대에 그런 태도는 위험하다. 당신이 하는 일이 컴퓨터에 의해 대체되기 일보직전인데도 본인만 모르고 있다면 큰일 아닌가? 그런 발표가 나기 전에 새로운 일을 찾아야 하지 않겠는가?

당신은 또한 공격적으로 일해야 한다. 요즘에는 한 직업을 20~30년씩 유지하는 사람이 거의 없다. 대부분이 평생 몇 번씩은 회사나 일터나 업종을 바꾼다. 변화를 겪을 때마다 자신이 속한 조직이 어떻게 운영되는지 알아두는 것이 좋다. 비공식적인 조직의 권력구조를 알아두면 도움이 될 것이다. 누가 실제로 일이 돌아가게 만드는지, 누가 실권을 쥐고 있는지, 누가 누구와 친한지 등등.

업계에 대해 공부하자

당신이 몸담고 있는 업계에서 어떤 일이 벌어지고 있는지 알고 있는가? 모르고 있다면 오늘 당장 알아보도록 하라. 다행히도 업계에 어떤 경향이 형성되는 데는 대개 몇 년씩 걸리므로, 아직까지 모르고 있었더라도 따라잡기에 너무 늦지는 않았다. 당신이 종사하는 분야에서 중요한 변화가 일어나고 있다면 전문가들이 그 현상을 분석하고 예측해왔을 것이다. 그들의 이야기를 참고하여 교육이나 훈련을 다시 받거나 새로운 조직으로 옮기거나, 아니면 아예 분야를 바꿀 수도 있을 것이다.

경제전문지와 시사 주간지, 그리고 업계의 전문지를 구독하자. 단 계획성 없이 되는대로 읽어서는 안 된다. 새로운 기술에 대한 기사나 고용추세 등 자신의 업계가 팽창하고 있는지, 수축하고 있는지도 알고 있어야 한다.

예를 들어 만일 당신이 의류 체인점 바이어라면, 격변하는 소매업계 동향을 계속해서 파악해야 한다. 내년에 당신네 회사가 다른 곳으로 매각될 수도 있고, 파산할 수도 있다. 지금 그런 사실을 미리 알 수 있다면 당신은 당신의 일자리를 지킬 수도 있을 것이고, 직업을 바꿀 수도 있을 것이다.

일주일에 한 번씩 TV 프로그램 가이드를 보면서 과학이나 미래에 대한 다큐멘터리 프로그램이 있는지 확인한다. 그런 프로그램들을 통해서 이 세상에서 어떤 일들이 벌어지고 있는지 공부해야한다. 그런 일들은 바로 당신에게도 일어날 수 있으니.

또 자신의 분야와 관련한 책을 꾸준히 읽어라.

적극적으로 변화를 읽자

'아무것도 몰라요' 하는 태도에서 벗어나 끊임없이 질문하는 습관을 기르자. 일정 기간 비즈니스 신문이나 잡지, 책을 읽고나면, 모든 업계에서 전체적으로 일어나고 있는 급격한 변화에 대해 알 수 있게 될 것이다. 그런 변화가 당신이 일하고 있는 업계에서도 일어날 수 있다.

당신이 은행에서 일하고 있다고 하자. 은행들의 합병이 당신의 회사에는 어떤 영향을 미칠까? 인원감축이나 업무조정이 있을 수 있다. 컴퓨터 온라인 뱅킹, 그리고 기타 기술적 변화들은 은행 업무에 어떤 영향을 미칠까? 만일 당신이 여성인데 은행에서 여직원은 승진이 늦다면 다른 분야로 옮기는 게 나을까? 당신의 회사는 재정적으로 건전한가? 회사주식을 조금 사서 운용해보면서 공부를 하는 것도 좋을 것이다.

업계모임에 참여하자

당신은 업계 전문가 모임 회원인가? 그런 모임의 회원이 되면, 연회비를 내는 만큼 업계의 '핫라인'이나 홍보 담당자들을 통해, 그리고 이미 떠돌고 있던 소문을 통해 최신 소식을 들을 수 있고, 다양한 궁금증들을 풀 수 있다.

협회의 모임에 참가하여 사람들이 하는 이야기를 귀 기울여 들어라. 모임의 분위기가 낙관적인가, 비관적인가? 일자리는 풍부한가? 일을 찾기 위해서 사람들이 어느 쪽으로 움직이는가?

가장 많은 지식을 갖고 있을 것 같은 사람들을 골라 그들과 연락을 지속하라. 그들은 다양한 정보와 조언을 줄 수 있고, 업무적으로 본보기가 되어줄 수도 있다. 그리고 당신도 지식을 더 많이 쌓게 되면 그들에게 보답할 수 있게 될 것이다.

건강을 유지하자

당신은 나이가 많아 보이는가? 나이가 많아 보이면 외모 때문이 아니라 다른 이유 때문에도 시대에 뒤진 사람으로 보일 수 있다.

어떤 사람들은 동료들보다 나이 들어 보이는 것에 무척 스트레스를 받아 성형수술을 받기도 한다. 그것은 그다지 바람직한 방법이 아니다. 어쨌든 젊어 보이고 스스로도 젊게 느끼는 것은 심리적으로 도움이 된다.

정기적으로 적당한 운동을 하는 것이 건강을 유지하는 지름길이다. 운동을 하면 두뇌회전 또한 빨라진다.

비만이라면 서서히 체중을 줄이는 것이 질병예방에 도움이 될 뿐 아니라, 사람들이 당신에 대해 갖고 있을지 모를 편견을 없애는 데도 도움이 될 것이다.

자기계발에 힘쓰자

 세상이 어떻게 돌아가고 있는지 알았으니 이제 어떻게 해야 할까?

 이제는 개인적인 행동계획을 세워볼 때다. 교육이나 훈련을 다시 받아야할 필요를 느끼는가? 대학 공부를 더 해야 할 필요가 있는가? 그렇게 공부할 시간은 얼마나 있는가?

 당신의 직업이 지금 당장 위험한 상황에 처해 있지는 않다 하더라도 능력을 향상시키고 일을 더 재미있게 해줄 새로운 기술을 배우는 것은 좋은 일이다. 그렇게 하면 그야말로 '젊은' 기분으로 일할 수 있을 테니.

직업을 커리어로 발전시키자

당신은 단순히 직업을 가지고 있는가, 아니면 커리어를 만들어가고 있는가? 한동안 정체기를 겪었다면 당신은 위의 질문에 대한 대답을 알고 있을 것이다. 직업과 커리어를 구별하는 방법은 이렇다.

직업은 먹고 살기 위해 하는 일이다. 직업에 있어서 기술을 발달시키는 것이나 개인적인 만족도는 먹고사는 것에 비하면 부차적인 문제다. 한편 커리어는 사명감과 지배력, 숙련도 등의 차원에서 얘기된다. 직업과 달리 커리어에서는 개인적이고 직업적인 성취도를 계속해서 늘려가는 것이 중요하다

하지만 가장 현저한 차이점은 '장래성 없는 직업'이라는 표현에서 찾을 수 있다. '장래성 없는 커리어'란 말은 들어보지 못했을 것이다. 대개 커리어는 계속해서 발전하는 것을 전제로 한다.

한 가지 직업이 늘 그 사람의 커리어의 일부가 되지는 않는다. 일이라는 것은 가족이나 친구들, 다른 사람들에 대한 서비스 등과 함께 우리가 이

세상에서 존재 가치를 느끼는 많은 방법들 중 한 가지에 불과하다. 그리고 우리는 경제적 측면의 직업과 커리어 측면의 만족도 사이에서 균형을 맞춰야 한다.

한편으로 당신은 대단히 훌륭한 커리어가 될 수 있는 것을 단순한 직업으로 취급하고 있을지도 모른다. 자신의 일을 바라보는 시각을 조금만 바꾼다면 커리어를 발전시켜갈 수 있을 것이다.

이렇게 생각해 보자. 당신은 반드시 일을 해야 한다. 그러니 스스로에게 이렇게 물어볼 수 있다. '어떻게 하면 이 일을 나 자신에게 좋은 것으로 만들 수 있을까?' 이것이 직업을 커리어로 발전시키는 첫 단계다.

나만 아는 직장생활 꿀 팁

사명감을 갖자

직업을 커리어로 발전시키기 위해서 고려해야 할 요소들을 살펴보자.

첫째는 사명감이다. 일에 대해 사명감을 갖는다는 것은 일이 당신에게 중요하기 때문에, 당신을 가치 있는 사람으로 느끼게 만들기 때문에, 그리고 성취감을 가져다주기 때문에 계속한다는 뜻이다. 일을 할 때는 사명감을 가져야 한다. 사명감이 없다면 당신은 스스로를 로봇처럼 느낄 것이다. 하지만 사명감을 갖고 있다면 당신은 커리어를 쌓아가는 과정에 있는 것이다.

당신이 만일 큰 액수의 복권에 당첨된다면 뒤돌아볼 것도 없이 지금 하고 있는 일을 그만두겠는가? 그리고 일을 그만둔 뒤에는 무엇을 하겠는가?

평생 빈둥거리며 살겠다고 말하지는 마라. 그런 말은 믿지 않는다. 나는 정년퇴임을 하고 6개월 정도밖에 지나지 않아서 컨설턴트가 되거나, 새로운 사업을 시작하거나, 자원봉사를 하는 등 새로운 일을 다시 시작하는 사람들을 너무도 많이 보아왔다. 건강한 정신을 가진 사람이라면 일하기를 원하고, 일을 통해 성취감을 느끼기를 원하는 것이 당연하다.

자유롭게 상상의 나래를 펼쳐보자. 잠시 동안이라도 자신이 지닌 한계들을 잊고 당신이 원하던 것에 대해 생각해 보자. 사실 자신이 지닌 한계에 대해 잊으면 잊을수록 그 이상을 성취할 가능성은 높아진다. 그런 환상을 당신 일의 일부로 만들기 위해 계속해서 노력하자. 예를 들어 당신이 어떤 숙련된 기술을 요하지 않는 일을 계속하기로 결심한다 해도, 당신 직장의 근무조건을 향상시키기 위한 위원회에서 일할 수도 있고, 주말에는 스카우트를 인솔할 수도 있을 것이다.

지배력을 강화하자

　자신이 하는 일이나 자신의 상황에 대한 지배력이 부족하면 쉽게 피로와 분노를 느끼게 되고, 일도 더 잘하지 못하게 된다. 그리고 그 모든 것은 스트레스로 이어진다. 자신의 일을 스스로 지배하고 관리할 수 있게 되면 일은 단순히 돈을 벌기 위한 직업이라기보다는 커리어의 일부로 느껴질 것이다. 당신이 하는 일의 모든 면을 지배할 수는 없다. 그것은 현실적으로 불가능하다.

　당신의 직업이 외부의 지배를 많이 받는 일이라 해도 당신이 지배할 수 있는 부분이 분명 있을 것이다. 만일 당신이 감옥에 있다거나 기타 부자유스런 상황에 있다면 어떻게 제정신을 유지할 것인가? 농담을 하면서 견디거나, 경험한 것을 기록하거나, 탈출 계획을 세우거나, 아니면 이 일들을 다 할 것이다. 그와 같은 상황 대처 전략들이 절망적인 수단으로 보일지 몰라도, 실제로 어느 정도는 정신을 컨트롤할 수 있게 해주고, 궁극적으로는 실제적인 해결책을 이끌어낼 수 있게 해준다.

최고로 숙달하자

업무에 대한 숙달은 사명감과 지배력이 결합되어야 얻어진다. 업무에 숙달한다는 것은 일을 점점 더 잘 하게 되고 성장할 수 있는 새로운 영역을 계속해서 만들어간다는 의미다. 다른 사람들은 일을 따분하게 여기며 더 이상은 나아갈 수 없을 거라고 확신하고 있는 동안에 말이다.

더 이상 나아갈 수 없는 종착점에 다다랐다고 생각하는 것은 큰 실수다. 키가 더 크거나 어려지는 것은 불가능할지 몰라도, 당신의 내면은 계속해서 성장할 필요가 있고, 성장할 수 있다. 이것이 바로 숙달되고 발전하려는 충동이다. 그 충동을 무시한다면 당신은 막다른 골목에 놓여 더 이상 앞으로 나아갈 수 없게 될 것이다.

변화를 관리하자

진부해지기는 대단히 쉽다. 잠깐만 편안하게 지내다보면 금방 시대에 뒤지게 된다.

당신의 주변 모든 곳에서 변화가 일어나고 있다. 당신이 동의하든 안하든. 그러니 변화를 관리하는 방법을 배운다면 좀 더 즐거운 마음으로 변화에 동참할 수 있을 것이고, 변화에 뒤지고 정체될 위험을 줄일 수 있을 것이다. 인간의 뇌는 판에 박힌 일을 좋아하는 경향이 있다. 그래서 우리들 대부분은 변화를 무시하거나 피하거나 아니면 변화에 맞서 싸운다.

그렇다면 변화의 좋은 점은 무엇일까?

- 변화는 당신의 두뇌가 계속해서 활발하게 움직이도록 해준다.

- 변화를 관리하면 시대에 뒤지지 않고 살아남을 수 있다.

- 변화는 기회를 제공하기도 한다. 기회를 알아볼 수만 있다면.

변화로 두뇌를 깨우자

 판에 박힌 일만 고수하다보면 배울 수 있는 게 별로 없다. 똑같은 과정만 반복할 뿐이다. 하지만 변화가 일어나면 당신의 두뇌는 깨어나서 좀 더 민활하게 움직일 것이다. 변화의 시기에 당신의 두뇌는 예상치 못한 문제들을 해결하고자 움직일 것이고, 따라서 당신은 아이디어가 샘솟는 걸 느낄 것이다. 변화를 귀찮은 것이라 생각하는 대신, 성장할 수 있는 시기이자 기회이고 즐거움이라고 생각하자.

시대의 흐름을 놓치지 말자

당신이 50세든 25세든 '나는 이런 새로운 방식을 절대 배우지 못할 거야.'라고 말하는 순간 당신은 자신을 시대에 뒤떨어진 인간으로 규명하는 것이다. 변화의 시기에 발전하는 사람들은 새로운 기술과 방법을 기꺼이 받아들이고 배우는 사람들이다. 그렇지 못한 사람들은 거미줄이나 붙들고 있게 될 것이고, 어쩌면 일자리를 아예 잃을 수도 있다.

새로운 재고관리 시스템은 분명 복잡할 것이다. 예전 방식이 더 쉬울 것이다. 하지만 그 예전 방식도 한때는 과연 배울 수 있을까 싶었던 새로운 방식이었다. 그럼에도 잘 배워서 사용해오지 않았던가.

정신적 스승 즉, 멘토에는 여러 유형이 있다. 그러니 '기술 분야의 멘토'를 한 사람 찾아라. 새로운 시스템에 대해 가장 잘 알고 있는 사람에게 도움을 청하라. 유능할 뿐 아니라 열정적인 사람에게라면 더 빨리 배울 수 있을 것이다.

나만 아는 직장생활 꿀 팁

새 상사와 동맹을 맺자

새로운 책임을 갖고 일해야 하는 다른 자리로 옮겨달라고 상사를 몇 달째 괴롭혀왔다고 해보자. 그런데 아무 소용이 없었다. 그러던 중 새로 상사가 부임해왔다. 당신이 가장 먼저 할 일은 무엇일까? 새로 온 상사와 동맹관계를 맺는 것이다. 물론 그 일자리를 얻어야겠다는 목표를 갖고서 말이다. 아니면 새 상사가 당신을 위해 더 좋은 자리를 생각해줄 수도 있다.

새로운 상사가 오면 예전의 상사 밑에서 일하던 사람들은 한물가는 거라고 말하는 사람들이 있을지도 모른다. 물론 새 상사가 자신이 믿는 사람들을 데려오거나 새로 사람을 뽑을 수도 있다. 그래서 남아 있던 직원들은 옆으로 밀려날 수도 있다. 그러나 그런 일이 발생한다 하더라도 가장 먼저 옆으로 밀려날 사람은 누구겠는가? 변화할 생각이 추호도 없으며 새로 온 상사에게 협조할 생각도 전혀 없음을 드러내는 사람일 것이다.

새로 온 상사가 제공하는 기회와 새로운 사고방

식을 받아들여라. 자신은 부서와 회사를 발전시키는 데 열심히 참여하고자 하는 사람임을 명확히 밝혀라. 그러면 새로 온 상사의 신임을 얻을 수 있을 것이고, 지각변동이 있어도 좋은 위치를 점할 수 있을 것이다.

나만 아는 직장생활 꿀 팁

새 상사를 찾아가 대화를 나누자

새로 상사가 부임하면 곧장 찾아가서 자신을 소개하고 자신이 하는 일을 간단히 설명하자. 첫 대면에서는 말을 너무 많이 하거나 위협적인 느낌을 주지 말자. 상사를 환영하며 함께 잘 지내고 싶다고 표현하자. '혹시 제가 도와드릴 게 있나요?' 같은 말로 대화를 시작하는 것도 좋다.

상사가 질문을 해오면 특정한 문제점들을 몇 가지 지적하면서 해결책도 동시에 제시하자. '최근 생산부서에서 실수가 많았어요. 교대시간마다 감독자가 간단한 보고서를 작성하면 다음 감독자가 어떤 점을 주의해야 할지 알 수 있을 테니 좋을 것 같습니다.'

남을 비난하거나 아첨하지마라. 새로 온 상사에게 특정한 문제를 제시하는 까닭은 부서 내에서 일이 어떻게 돌아가고 있는지 자신이 잘 이해하고 있음을 나타내기 위함이고 상황을 개선시킬 능력을 지니고 있음을 나타내 보이기 위한 것이다.

고자질쟁이처럼 보이고 싶은 사람은 없을 것이

다. 특정인의 잘못을 거론하는 등의 행동을 삼갈수록 상사가 당신을 신뢰할 가능성은 더 높아진다. 따라서 '심야에 일하는 감독자가 점심시간을 두 시간이나 쓰기 때문에 실수가 자꾸 늘어나는 겁니다.'라고 일러바칠 필요는 없다. 굳이 당신이 말하지 않아도 상사는 금방 알아낼 터이니.

당신이 원하던 주제가 떠오르면 즉, 상사가 당신이 하는 일에 대해서 좀 더 이야기해 보라고 하면, 당신이 원하는 것을 말하라. 이는 단순한 일인데도 대부분의 사람들은 그렇게 하려들지 않는다. 너무 뻔뻔하거나 이기적이라고 생각하기 때문에. 그럴 수도 있다. 하지만 상사가 어떤 사람이며 어떻게 반응할지 추측만 할 수는 없지 않은가? 그러지 말고 상사에게 당신이 원하는 것을 이야기하고, 당신이 그 일을 해낼 수 있다고 생각하는 이유를 밝히고, 그렇게 하면 회사에 어떤 이득이 되는지를 말하라. '저는 구매 업무를 할 준비가 되어 있다고 생각합니다. 새로운 재고관리 프로그램 사용법도 배웠고, 업무에 변화를 가져옴으로써 비용을 절약할 수 있으리라 생각합니다.'

초조해하지 말자

변화의 시기는 힘들고 초조할 수 있다는 사실을 기억하자. 속도를 잘 조절하고, 자신과 상사와 동료들에 대해 인내심을 갖는 것이 중요하다. 변화의 시기에는 실수를 할 수 있음을 예상해야 하고, 그로부터 배우겠다는 마음을 가져야 한다.

조급해하지 말고 기다리면 상황은 분명 개선될 것이다. 당신이 생각했던 것보다 더 빨리 혼돈상태에서 벗어난 새로운 절차와 일상이 생겨날 것이다. 그러면 그 다음에는 새로운 변화가 일어나기 전에 변화에 대비할 시간을 충분히 확보할 수 있게 될 것이다.

안정기를 최대한 활용하자

때로 당신은 자신이 정체되어 있는 듯 느낄 수도 있다. 하지만 사실은 정체되어 있는 것이 아니라 변화의 속도를 견디지 못하는 것일 수도 있다. 스스로가 실패자처럼 느껴지는가? 계획했던 것만큼 빨리 발전하지 못하고 있는가? 때로 우리는 너무 쉽게 스스로를 실패자라고 규명해버린다. 그것도 잘못된 이유로. 하지만 우리는 단지 커리어의 안정기에 놓여있는 것일 수도 있다

안정기는 누구든 일을 하면서 겪기 마련인 정상적인 부분이다. 우리는 우리에게 도움이 되는 기술을 배우느라 시간과 노력을 들인다. 그리고 그 기술을 숙달하면 안정기에 도달하는 것이다. 안정기 동안에 우리는 배웠던 것을 실천하고 완벽하게 만든다. 일생 동안 우리는 이런 안정기를 몇 번은 맞이한다. 그러므로 안정기를 알아보고 다루는 방법을 알아야 한다.

아무리 헌신적인 일중독자라도 안정기를 피할 수는 없다. 물론 일중독자는 안정기를 불편하게 느

끼고 계속해서 어서 앞으로 나아가고 싶을 것이다. 그에게 앞으로 나아가지 않는 것은 성공하지 못하는 것이나 마찬가지다. 하지만 그런 태도는 근시안적이고 일찌감치 자신을 지치게 하는 지름길이다.

능력 이상의 성과를 올리려고 애쓰지 않는 사람들조차 '전진하지 않는 상태'에 대해서 죄의식을 느끼며 자신을 채찍질하는 경향이 있고, 불가능할 정도로 높은 기준으로 자신을 판단하는 경향이 있다. 이는 커리어를 쌓는데 시간이 하는 역할을 무시하는 태도다. 간단히 말해서 우리는 우리가 이루어온 것들을 전체적으로 보지 못하고 우리가 하지 못하는 일에 대해서만 집중한다.

안정기에 이르면 잠시 숨을 고르고 쉬자. 기억하라. 변화는 스트레스를 동반한다는 것을. 잠깐 쉰다고 해서 문제될 것은 없다. 당신은 그럴만한 자격이 있으니까.

일을 즐기자

자신이 하는 일을 '즐기는 것'은 불가능해 보일 수도 있다. 주변의 모든 것들은 우리에게 계속해서 노력하고, 또 노력하라고 말한다. 하지만 잠시 시간을 내서 자신이 성취한 것들을 즐긴다면 우리는 더 큰 힘을 얻을 수 있다.

안정기에 있으면서는 스스로에게 몇 가지 질문을 하자. 가장 중요한 질문은 바로 '지금 현재 내 상태는 어떤가?'다. 안정기에 들어섰을 때 자신의 상태를 다시 평가해보면 자신이 실제로 하고 있는 일과 자신의 가치 및 장기적인 목표를 비교해볼 수 있다. 그런 기회를 무시한다면 당신은 미로에 놓인 쥐와 다르지 않다.

나만 아는 직장생활 꿀 팁

극도의 피로는 안정기에 풀자

심신의 피로는 위험한 것이다. 비즈니스에서 어느 정도 성공하기 위해 있는 힘을 다해 노력한 뒤에 느끼는 피로감은 특히 더 위험하다. 안정기와 극도의 피로 간의 결정적인 차이는 기분이다. 아침에 일어나기가 싫다면 당신은 극도의 피로를 느끼고 있는 것이다. 다행인 것은 안정기를 피로를 회복하는 기간으로 활용할 수 있다는 점이다.

일을 가지고 놀아보자. 일을 뒤집어서 생각해보자. 그렇게 해보면 판에 박힌 방식이나 사고에서 벗어날 수 있을 것이다. 예를 들어 하루 동안 일을 하는 순서를 거꾸로 해보면 어떨까? 반드시 이렇게 하라는 말은 아니다. 이렇게 해보는 목적은 사고에 생기를 불어넣기 위해서니까.

다시 불안해지기 시작한다면 새로운 도전을 하고 새로운 목표를 세울 때다. 안정기에 너무 오랫동안 머물러 있으면 기술도 무뎌질 것이고, 자세 또한 나빠질 수 있다.

성공에 대한 정의를 내려 보자

또 다른 안정기에 온 건지, 성공을 한 건지의 구별은 성공을 어떻게 정의하느냐에 따라 다르다. 당신에게 성공을 구성하는 요소는 무엇인가? 당신에게 성공의 정의는 얼마나 넓은가? 당신은 위험 부담을 거의 안지 않았고, 따라서 실패를 거의 하지 않았기 때문에 성공적인 것인가? 이런 질문들에 대한 대답은 개인적인 가치에 따라 다르다.

성공을 단지 같은 분야에 종사하는 다른 사람들보다 일을 더 잘하거나 연봉을 더 받는 것으로 정의한다면, 당신은 그 정의 따라 원하는 것을 얻을 때까지 노력해야 한다.

하지만 성공을 일을 잘해서 자신의 일에 대해 자부심을 느끼고 남부럽지 않은 생활을 꾸려가는 것으로 정의한다면 어떨까? 그렇다면 당신은 이미 성공한 사람일지도 모른다.

실패도 성공을 위한 과정이다

실패란 무엇인가를 해내기 위해 노력했으나 해내지 못한 것이다. 혹은 무언가를 해내기는 했으나 그것이 자신에게 적합한 일은 아니었음을 깨닫는 것일 수도 있다. 중요한 것은 실패가 과정의 일부라는 사실을 기억하는 것이다. 실패는 할 수 있다. 그러나 실패했다고 해서 그 사람이 실패자라는 뜻은 아니다.

여기서 또 한 번 안정기를 통해 치유 받을 수 있다. 안정기를 실패 후에 얻은 상처를 치유하는 시간으로 활용할 수 있다는 말이다. 기운을 회복했다고 느끼기 시작하면, 그때 다음의 성공을 위해 계획을 세우면 된다.

운전하듯 다가올 변화에 대비하자

직장생활을 하면서 정체되지 않을 수 있는 쉬운 방법 중 하나는 그 일 말고도 할 일이 많다고 생각하는 것이다. 따라서 현재 위치에서 일을 아주 잘하고 있더라도, 다음 직업을 위해 계획을 세우고 있어야 한다. 운전을 할 때 몇 미터 앞을 보면서 동시에 저 멀리 지평선도 바라보듯, 항상 다가올 변화에 대한 준비를 하고 있어야 한다. 이는 일을 하면서도 마찬가지다

그런 생각을 하는 데는 두 가지 이유가 있다. 하나는 방어적인 이유고 다른 하나는 공격적인 이유다. 하지만 이 경우 방어적이라고 해서 불안정한 것은 아니다. 또 공격적이라고 해서 지나치게 야심적인 것도 아니다.

먼저 방어적인 이유를 보자.

당신이 하는 일, 당신의 회사, 당신이 몸담고 있는 업계는 계속해서 변화하고 있다. 이윤이 폭락하고 시장이 급격히 축소된다면 더 많은 변화가 일어나리라 예상할 수 있다. 더 많은 인원이 감축

될 것이고, 더 많은 회사가 붕괴될 것이다.

　이제 더 이상 '안정'을 생각할 수 없는 이 비즈니스 세계에서 가장 위험한 가정 중 하나는 자신이 언제까지나 똑같은 회사에서 똑같은 상사 아래서 똑같은 일을 똑같은 방식으로 하리라는 것이다. 일의 종류, 장소, 상사, 업무방식, 이 모두가 하룻밤 사이에 바뀔 수 있으며, 실제로 그런 일은 흔히 발생한다. 따라서 무슨 일이 일어나기 전에 미리 계획을 하고 있어야 한다. 사건이 발생한 뒤에 대응하려면 몇 달이 걸릴 수도 있다. 어떻게 해야 할지 몰라서 당황하고 풀이 죽은 채 귀한 시간과 사기를 잃어버리고 말 것이다.

　그동안 자신이 지닌 업무기술은 정체되도록 놔두고, 신기술에 뒤지고, 전문적 지식은 넓히지 않고 태만히 굴면, 당신은 직업을 찾으려고 애쓰는 수많은 사람들 중 한 사람이 되고 말 것이다. 심한 경우 당신보다 더 유능한 사람들과 경쟁을 해야 한다.

다음은 공격적인 이유를 보자.

　현재 자신의 커리어에 대한 자기만족도가 낮다면

미래를 미리 준비하면서 변화의 물결을 앞서갈 수도 있다. 다른 사람들에게는 당신이 성공률이 높은 부서나 회사의 더 나은 일자리로 별 노력을 들이지 않고 옮겨가는 것으로 보일 수도 있다. 하지만 사실 그것은 당신이 열심히 일하고, 계획을 잘 세우고, 준비를 잘 해왔기에 가능한 일이다. 그러기 위해서 당신이 해야 할 일과 해서는 안 되는 일은 정확히 무엇일까? 해야 할 일과 해서는 안 될 일로 나누어서 보자.

해야 할 일

- 호기심을 가지고 변화의 중심에서라. 새 장비가 어디에 설치되고 있는가? 어느 곳에 직원이 충원되고 있는가? 지켜보라. 그리고 질문하라.

- 기초를 탄탄히 쌓아라. 전문적 지식의 범위를 더 넓히고 새로운 기술을 습득하라.

- 새로운 업무방식에 뒤떨어지지 않도록 하라. 새로운 방식은 다른 사람들에게 배울 수도 있고, 업계 전문가를 통해서 배울 수도 있다.

- 변화를 통해 성장하고 변화를 이끌어온 사람들과 대화를 나누어라. 종이를 컴퓨터로 바꿔놓은

주인공들이 바로 그런 사람들이다. 그들은 많은 정보를 가지고 있는데, 그 정보들은 대개 진가를 정당하게 인정받지 못한 것들이다. 그들은 자신이 알고 있는 것을 사람들에게 이야기하기 좋아한다. 그들과 대화하라.

- 당신 옆자리에서부터 화장실에 이르기까지 무슨 일이 벌어지고 있는지 파악하고 있도록 하라. 사무실에서 오가는 이야기를 듣고, 신문과 업계 전문지를 읽어라. 그러면 사내에 급격한 변화가 일어나도 놀라지 않을 것이다.

해서는 안 될 일

- 모든 것이 늘 똑같을 것으로 기대하지 마라. 당신의 부서는 지금까지 예산감축이나 인원감축이 면제되어 왔을지 모른다. 하지만 이제는 당신네 부서도 그로부터 자유롭지 못할 수도 있다.

- 커리어를 급격하게 변화시켜야한다고 생각하지 마라. 많은 경우 그런 생각은 비현실적이다.

- '지금껏 이런 방식으로 해왔는데, 이제 와서 왜 바꿔야 하지?'라고 생각해서는 안 된다. 변화에 저항하지 마라.

- '난 내 할 일 하고 집에 가면 그만이야.'라고 말하지 마라. 일을 한다는 것에는 자신이 종사하는 분야의 전체적인 그림을 보면서 자신의 미래를 준비하고 보호하는 것도 포함된다. 일에 대해 좁은 시야를 갖다보면 자신에게 어떤 일이 일어날지 예상할 수 없게 된다.
- 변화를 두려워하지 마라. 변화를 위협적인 존재로 보지 말고 재산으로 본다면 그것은 직업적으로 성장하는 것을 의미할 수 있다.

꿈을 이루려면 안정된 발판을 마련하라

당신은 꿈을 이룰 수 있다. 하지만 한 가지는 기억해야 한다. 토대를 마련하기 전까지는 지금 하는 일을 그만두어서는 안 된다. 이 말은 꿈을 더 듣어가고 있는 당신에게는 너무 현실적인 이야기로 들릴지 모른다. 하지만 제대로 도약하려면 안정된 발판이 있어야 하는 것이 현실이다.

때로 우리는 너무 두려워서 변화할 용기를 갖지 못한다. 한 걸음을 내딛기까지 너무 오래 기다려 왔기 때문에. 그리고 나서 갑작스럽게 극적인 변화를 가져오려 한다. 그렇게 해야만 중도에 돌아서지 않을 수 있을 것 같아서다. 그러나 그렇게 하다가는 금방 좌절하거나 환상에서 깨어나게 된다. 그런 태도는 진정 계획을 세우는 것이 아니라 허세를 부리는 것이기 때문이다. 더 이상 물러날 곳이 없도록 배수의 진을 치는 것이 옳은 일처럼 보일 수도 있다. 하지만 현실에 눈을 뜬 채 꿈을 이루는 과정에 착수하는 것이 성공할 가능성이 더 높다.

계산된 위험을 무릅쓴다는 것은 좋은 것이든 나쁜 것이든 가능한 모든 결과를 비교해본다는 뜻이다. 앞으로 일어날 변화가 당신 가족과 당신 자신에게 미칠 영향을 생각해보자. 커리어에 변화를 가져오려면 돈이 얼마나 들지, 시간은 얼마나 걸릴지, 스트레스는 얼마나 받게 될지 등 여러 요인들을 현실적으로 판단해보라. 구체적인 계획을 세우고, 모든 단계를 예상해 보고난 후, 그때 가서 일을 그만두어라. 그리고 그 기분을 만끽하라.

나만 아는 직장생활 꿀 팁

변화는 성장이다

자신은 모험을 좋아하는 유형이 아니라고 생각하기 때문에 변화하려들지 않는지도 모른다. 우선, 대중심리를 다루는 기사들의 주장에도 불구하고 사람들에게 정해진 어떤 '유형'이라는 것은 없다. 둘째, 변화를 모험이라고 생각하지 마라. 변화는 모험에 비해서 훨씬 덜 위협적이고 훨씬 더 건강한 '성장'이라고 생각하라.

당신 삶은 당신이 결정하라

어쩌면 당신이 하고 싶어 하는 일을 주변 사람들은 좋지 않은 생각이라고 여기며 하지 못하도록 설득할지 모른다. 그러나 그 모든 사람이 당신이 내린 결정에 따라 살 필요는 없다. 당신은 당신의 친구들이 아니고 당신의 부모님이 아니다. 당신을 염려해주는 사람들의 이야기에 귀 기울일 필요는 있다. 하지만 당신 삶에 대한 결정은 당신 자신이 내려야 한다.

자신의 꿈을 이룬 사람과 대화하자

우리가 변화하는 것을 방해하는 것 중 하나는 미지의 것들에 대한 두려움이다. 어떤 주제에 대해 철저히 조사를 하면 그 주제는 더 이상 미지의 것이 아니다. 당신이 하고 싶어 하는 일을 해온 사람들과 이야기하라.

자신의 꿈에 따라 일 년간 파리에서 살았던 내 친구는 세상에서 가장 매력적인 도시도 더럽고 우울하고 외로울 수 있음을 알았다고 했다. 그 친구는 파리에서 길고 우울한 겨울을 보내야 했다. 당신도 파리에서 한 해를 보낼 생각이라면, 이제 당신은 내 친구보다는 준비를 더 잘할 수 있을 것이다. 다른 사람이 들려주는 실제 경험담이 좀 더 현명한 판단을 내리는 데 도움이 된다. 여전히 파리에서 살겠다면, 당신은 길고 외로운 겨울을 잘 이겨낼 수 있도록 철저히 준비를 해야 할 것이다.

실패가 두렵다면 성공할 경우에 어떻게 될지 집중적으로 생각해보라. 그리고 사실 시도했다가 실패한다 해도 그게 뭐 대수인가? 이번엔 일을 망쳤더라도 다음에 다른 무언가를 할 때는 좀 더 쉬워질 텐데. 실패를 할 때마다 무언가를 배우고 스스로를 탓하지 않기만 한다면 말이다.

당신이 지금 하고 있는 일에 만족하고 행복하다면, 뭔가 다른 것을 시도할 필요가 없을 수도 있다. 그리고 지금 당장은 행복하지 않을지도 모른다. 하지만 일을 하면서 마지막으로 행복했던 때를 떠올려보라. 그 행복감은 얼마나 지속되었는가? 그 후 무엇이 달라졌는가? 불안해지기까지 시간이 얼마나 걸렸는가?

지금 불만을 느낀다면 불만의 씨앗이 무엇인지 찾아보라. 일이 쉬워지기 시작했는가? 불안감을 느끼기 시작했는가? 이렇게 항상 다음 단계를 준비할 수 있도록 마음을 열어두어야 한다.

나만 아는 직장생활 꿀 팁

꿈을 찾아가자

당신이 지금 하는 일 외에 다른 일을 하는 것을 상상조차 하기 어려울지도 모르겠다. 그래서 모험해볼 엄두를 못 낼지도 모르겠다.

당신이 중학교, 고등학교, 혹은 대학교에 다니던 시절을 떠올려보라. 그때 당신은 무엇이든 될 수 있다고 생각했을 것이다. 그 당시 당신이 품었던 환상 중 일부가 당신이 가졌던 최고의 소망이었을 것이다. 그때의 소망을 기억함으로써 실현되지 못한 당신의 재능을 기억해낼 수도 있다.

이제 미래를 생각해보자. 우리들 중에는 좀 더 느리게 진화하는 사람들이 있다. 그들은 어떤 일이 성취감을 느끼게 하는지를 깨닫는 데에도 남들보다 더 오랜 시간이 걸린다. 당신은 처음에는 돈을 더 많이 벌게 해주고 여행을 더 많이 할 수 있게 하는 일을 하고 싶다고 생각했을 수도 있다. 하지만 지금은 다른 사람을 위해 무언가를 할 수 있는 일을 하고 싶어 할 수도 있다.

당신이 잡을 수 있는 기회는 많다. 그 기회들은

당신을 변화시킬 수 있기 때문에 당신이 평생 지녀온 꿈에도 영향을 미칠 것이다. 당신이 두려워하는 것이 있다면 그것을 정복하라. 물이 두렵다면 수영을 배워라. 그러고 나면 항해법을 배울 수 있을 것이고, 수상 스키나 스쿠버 다이빙을 배울 수도 있을 것이다. 혹은 수영을 못하는 장애를 가진 아이들을 가르칠 수도 있다. 그 과정에서 몸무게를 줄이거나 3개월간의 항해를 한다면, 그 경험을 가지고 체중 감량 센터 관리자로 일할 수도 있고, 항해 잡지에 기사를 쓸 수도 있다.

당신이 붙잡는 기회가 더 많은 돈을 벌게 해주거나 승진을 시켜주는 것일 필요는 없다. 하지만 당신의 시야를 넓혀줄 수는 있어야 한다. 새로운 것을 시도하고 난 뒤에는 자신이 어떻게 달라졌는지 확인하는 습관을 들여라. 새로운 일을 시도하는 것만큼이나 중요한 것은 그 시도가 당신을 어떻게 변화시켰는지를 확인하는 것이다.

우리들 대부분은 커리어를 쌓아오는 동안 많은 선택의 여지들을 거부한 채 좁은 길을 달려왔다. 그런 일을 해서는 먹고살기 힘들 거라는 부모님의 말씀 때문에 댄스 강습이나 미술 지도는 받지도 않았다.

스스로 집세를 낼만큼 나이를 먹었다면, 예전에 부모님들이 하지 말라고 하셨던 일들을 시도해볼 때가 된 것이다. 이제 요리를 배우거나 피아노를 배워보자. 이런 활동을 하다 보면 새로운 친구들을 사귈 수 있을 것이고 새로운 관심사를 찾을 수 있을 것이며, 생계를 꾸려가는 새로운 방법도 찾을 수 있을 것이다. 그것이 더 큰 꿈을 향해 똑바로 나아가는 지름길은 아닐지 몰라도, 더 큰 꿈을 향해가는 길인 것만은 분명하다.

꿈을 키우는 파일을 만들자

꿈을 크게 꾸지 못하는 것이 당신의 문제라면 영감을 키우고 지속시켜주는 파일을 만들어 관리해보자. 그것을 이용하여 꿈을 키울 수 있다. 나도 그런 파일을 관리하고 있는데, 아주 좋은 방법이다. 꿈이 한 가지가 넘는다면 몇 개의 파일을 만들면 된다.

나는 그 파일에 실용적인 것부터 공상적인 것까지 내 정신을 고양시켜줄 수 있는 것들을 모아 두었다. 중요한 업적을 이룬 사람들에 대한 신문기사, 위대한 사람들이 한 말들, 그리고 내가 유명한 작가가 된 뒤에 출연하고 싶은 프로그램에 대한 생각들, 등등.

그 파일 안에 당신에게 영감을 불어넣어주는 것들, 말이나 특정 물건, 사진 등을 모아 놓는 것이다. 원한다면 그런 것들을 게시판에 붙여놓아도 좋고, 지갑 속에 넣고 다녀도 좋다. 아니면 흥얼거리며 노래를 부르며 다녀도 좋을 것이다. 일상 속에서 당신의 꿈을 상기시켜줄 수 있는 것이라면 어떤 방법이든 괜찮다.

한 가지 예를 들어보자. 이 이야기를 들으면 파일을 만들어 관리하는 것이 어떤 효과가 있는지 알 수 있을 것이다.

꿈을 위해 파일에 보관하는 것이 특정한 목표나 방향에 대한 것이 아니어도 무방하다. 앞서 소개한 나의 경우처럼 지금 당신이 있는 자리에서 가고 싶은 자리로 가는 과정에 대한 것이어도 좋다.

중요한 사실이 하나 있다. 그 파일을 검열해서는 안 된다. 그 파일 안에서 당신은 자유롭게 꿈꾸어야 하고, 한 가지 꿈은 다른 꿈으로 이어지고, 꿈을 이루기 위한 용기를 얻을 수 있어야 한다.

파일의 형태는 당신이 원하는 어떤 형태든 괜찮다. 화가나 디자이너 등 시각적인 작업을 하는 사람들은 쉽게 볼 수 있는 곳에 파일을 배치할 수도 있다. 스케치, 천 조각, 나뭇잎 등을 게시판에 붙여 놓거나, 탁자에 진열해 두거나, 아니면 천정에 매달아놓거나, 녹음기를 가지고 다니기를 좋아하는 사람도 있을 것이고, 줄이 없는 스케치북을 가지고 다니기를 좋아하는 사람도 있을 것이다. 이렇게 파일의 형태는 어떤 것이든 좋다. 자신이 원하고 자신에게 편한 방식을 택하면 된다.

즐거운 마음으로 파일을 주의 깊게 잘 관리하고 수시로 내용을 채워야 한다. 그 파일은 당신 꿈의 실체를 기록하는 대단히 중요한 매체이기 때문에. 그 파일은 당신의 꿈을 공식적인 존재로 만들어준다. 나는 꿈을 '공언하는' 일이 중요하다고 믿는다. 우선 자기 자신에게 공언하고 그 다음 온 세상에 다 대고 공언하자. 만일 당신이 정반대의 고민을 하고 있다면, 즉 꿈이 너무 크고 비현실적이라면, 혹은 꿈이 너무 많아서 그것들을 모두 어떻게 해야 할지 모르겠으면, 목표를 세우고 실현시키는 방법에 대해 다시 읽어보라.

어쨌든 자신의 꿈을 위해 매일매일 노력해야 한다.

꿈에 이름을 붙여주자

새해 결심과 꿈 사이에는 큰 차이가 있다. 우리는 종종 과거의 실수를 통해 미래를 바라봄으로써 미래를 망쳐버리는 경우가 있다. 그것이 결심의 문제점이다. 결심은 가능성보다는 잘못한 점들에 초점이 맞춰지는 경우가 많다. 한 해가 저물녘에는 자신을 찾아왔던 기회들을 놓쳐버린 데 대해 스스로를 꾸짖고 다른 사람들 모두가 자신보다 앞서 나간다고 초조해하면서 자신을 벌주기 쉽다.

하지만 이제는 그러지 말자. 그 시간에 자신의 꿈들에게 이름을 붙여주자. 꿈은 결심보다는 멀리 있다. 꿈은 극복해야할 결점들에 주목하기보다는 한계를 뛰어넘어 최선의 능력을 발휘할 수 있게 해준다. 꿈은 우리를 놀라게 하고 우리를 기쁘게 한다.

나는 비밀스런 꿈을 가지고 있지 않은 사람은 거의 보지 못했다. 꿈은 역설적이고 감동적이며, 돈이나 권력보다는 만족감과 훨씬 깊은 관련이 있다. 예를 들어 성공적인 사업가는 사람들에게 영감을 줄 수 있는 책을 쓰고 싶어 한다. 기자는 도시계획사업을 하고 싶어 한다. 일하는 엄마는 질 높은 육아원을 운영하고 싶어 한다.

지금 당장 자신이 어떤 꿈을 꾸고 있는지 생각나지 않는다면 꿈에 대해 생각할 시간이 없었기 때문일 수도 있다. 지금 하고 있는 일에서 잠시 벗어나 유쾌하고 엉뚱한 환상을 품어보자. 자신이 좋아하는 일을 하는 상상을 해보자. 매일 여덟 시간씩 하면서 살고 싶었던 일이 무엇인가? 그 꿈을 따라 사는 것이 더 좋을 것 같다면, 그 꿈을 따랐을 때 얻을 수 있는 것들을 상상해보자. 발명품을 팔아서 하루 종일 낚시를 할 수 있게 배를 사고 싶었던 사람처럼 말이다.

'아냐. 그건 불가능할 거야.'라고 생각하지는 마라. 한 가지 생각이 다른 생각으로 이어지게 놔두어라. 이런 연습을 하는 목적은 당신이 원하는 것에 대해 생각하게 만드는 것이다.

당신이 지금 있는 그 자리에서 행복하다면 어떡할까? 꿈을 갖는다는 것은 반드시 현재 상황을 비판해야 한다는 의미는 아니다. 물론 현재 상황에서 벗어나 더욱 성장하는 것을 의미한다. 지금은 여러 가지 변수들이 당신을 행복하게 만들어줄 것이다. 당신은 당신이 속해 있는 팀을 좋아하고, 당신의 상사는 당신을 아주 좋아하고, 불안을 느낄 정도로 지금 하는 일을 오래 하지 않았을 수도 있다.

현재가 자신을 몹시 불행하게 만들기 전에는 미래에 대해 생각하지 않는 것이 인간의 본성이다. 그럴 때 우리는 좋지 않은 결정을 내리기 쉽다. 위에서 말한 변수들이 변화하기 시작하면서 예전만큼 행복하지 않다면 어떻게 할 텐가? 예전 상태로 돌아가기를 소망하면서 버틸 것인가?

꿈을 향해 노력하는 한 당신은 다른 사람들이 부러웠던 바로 그 에너지를 느끼게 될 것이다. 꿈을 찾지 못하고 표류하는 동안 당신은 모든 일을 옆으로 밀쳐놓거나 쌓아두고, 버려두었다. 이제 당신은 모든 행동을 평가하고 우선순위를 정할 수 있기 때문에 일을 체계화하는 것이 쉬워졌을 것이다. '이 일을 하면 내 꿈을 이루는데 도움이 될까? 아니면 더 혼란스러워질까?

꿈을 향해 나아가는 동안 당신은 방향을 바꿔놓을 수 있을 놀라운 발견을 하게 될지 모른다. 자신은 지금껏 돈이나 명예를 위해 일하고 있다고 확신했었는데, 어느 순간 다른 사람들을 위해 일하고 싶다는 소망이 점점 커지고 있음을 깨달을 수도 있다. 중요한 지점에 도착했을 때 허탈감을 느낀다면, 예상했던 만큼 만족감을 느끼지 못하기 때문일 수 있다. 꿈은 조정할 수 있어야 한다.

균형을 유지하라. 꿈을 이루기 위해 노력하느라 친구들과 가족들과 멀어진다면, 눈가리개를 너무 꽉 조인 것인지 모른다. 꿈을 이루려면 어느 정도의 집념이 필요하다. 그렇다고 해서 삶이 메마르면 안 된다. 당신의 꿈이 당신을 고립시킨다면 그 꿈은 장기적으로는 당신을 행복하게 만들어줄 수 없을 것이다.

부디 행복하게 새로운 꿈들을 꾸시기를.

끝.

나만 아는 직장생활 꿀 팁